JN113472

FBM

GELS
17

ANGELS
17

J
JAPAN
16

JAPAN

大谷翔平

世界を仰天させ続ける男!!

夢をつかむ向上力101の秘密

インテルフィン

C O N T E N T S

第3章 2021-22 二刀流の完成 ［ベーブ・ルース以来の偉業を達成］

第4章 フィジカルと技術の進化 ［常に変化し続ける秘密］

第5章 レジェンドたちが語る大谷

［世界の二刀流をどう見たか］

第6章 素顔の大谷翔平

［睡眠力、食生活、金銭感覚、ゴミュ力の高さ］

はじめに

2023年の大谷翔平
春、6年ぶりのWBCで見せた投打にわたる活躍
激走、激情、ドラマのようなクライマックスに日本中が熱狂
チームを鼓舞しつかみとった世界一
そしてMLBシーズン開幕
メジャー6年目、6月の快進撃
日本人初、夢のメジャー本塁打王、そして2度目のMVPを狙う
野球にすべてを捧げ、野球の神に愛された男
常に進化を続けるリアル二刀流
その「凄さ」と「魅力」を探る101のエピソードを、再現マンガとイラストを交え紹介
野球にまつわるエピソードから性格、ライフスタイルまで
唯一無二、空前絶後、前代未聞、超絶怒涛…もはや言葉では形容しきれない稀代のプレーヤー
世界を魅了する大谷翔平のすべて

第1章

2023MLBの快進撃

日本人初のメジャー本塁打王を狙う

2023年の大谷翔平
6月の怒涛の快進撃から
日本人初のメジャー本塁打王
そして2度目のMVPを
射程圏内に捉える！

EPISODE 001

2023年、6年目のトラウタニ

大谷の活躍を支える重要な人物の一人が、「MLB最高の野手」と言われるマイク・トラウト外野手だ。2018年に大谷がエンゼルスに加入して以来、二人はチームの中心選手として活躍してきた。

互いに刺激し合い競い合ってきた二人のツーショットは常にスタジアムを熱狂させ、二人のホームラン競演は「トラウタニ弾」と名付けられ話題に。2023年4月、大谷と揃って今シーズン1号をマークしたトラウトは試合後、「トラウタニだろ？気に入っているよ。トラウタニにとってもいい日になったね」と自らコンビ名を口にして笑顔を見せた。

「打順の2番、3番にベストプレーヤーが2人並んでいる」と評される二人だが、昨年のインタビューで大谷は「それはないですね。誰がどう見ても一番はトラウト選手じゃないかなと思うので、僕は引き上げられてって感じですし、実質(自分は)去年しかいいシーズンはないので」と答えた。右ひじのリハビリなど故障に泣いた大谷にとって、MVPを3回獲得し、故障なく安定して結果を残し続けてきたトラウトは目標となっている。

2021年に満票でMVPを獲得した時にも、大谷はトラウトについてこう語った。「一緒にやることで勉強になったり、バッティングに関しては勉強させられっぱなしのところがある。そこを見てきたからいろいろ対応できた部分はあると思いますし、本当に一緒のチームで良かったなと思っているので」

一方、トラウトも二刀流でプレーを続ける大谷に「アンビリーバブル。見ていて楽しい」と敬意を払う。

2023年のWBC決勝では、侍ジャパンの大谷が米国代表の主将トラウトを三振に打ち取り、世界一を勝ち取った。二人による映画のような最高の対決であった。互いを尊重し合う大谷とトラウト、彼らの信頼関係は変わらない。

ANKEES.COM
NKEES.C
FAN EL
FA
ASTERCARD @ PINSTRI ARDS.COM
GELS
TROUT

EPISODE 002

ワールドシリーズに出て勝ちたい

今年3月のWBCで侍ジャパンを優勝に導いた大谷。しかし勝利の余韻に浸る間もなく次なる頂点を目指す。

WBCを戦い抜いた後、大谷はインタビューでこう発言した。「短期決戦の熱量は特別。これぞ野球だなという雰囲気を味わえた。ワールド・シリーズに出て勝ちたいと改めて思った」「野球ファンもそうじゃない人も盛り上がってくれた。緊張は確かにあったけど、それと同じくらい楽しかった期間かなと思う」「シーズン中にこれだけ緊張することはほとんどないと思う。もう一度したい。するためにはポストシーズンやワールド・シリーズに行くしかない。改めてそういう気持ちが強くなる」WBCのような極限の緊迫感に満ちた短期決戦。その緊張感と高揚感はレギュラーシーズンでは得られない。大谷の中でプレーオフ進出への思いは更に強くなった。

昨季までエンゼルスは8年連続でプレーオフを逃している。大谷が活躍しながらもチームが敗れる様は「なお、エンゼルスは負けた」を略して「なおエ」と皮肉られている。

エンゼルスが属するア・リーグ西地区は今季も激戦の様相を示している。手ごわいライバル球団が多く、熾烈な争いが繰り広げられるだろう。しかしプラスに考えれば、むしろ戦いがいがあるとも言える。

野球界においてワールド・シリーズ制覇はこの上ない名誉だ。世界一の座に向けて戦うプレーオフでは、選手たちのプレーのモチベーションはレギュラーシーズンと比べ格段に上がる。リーグ戦では味わえない緊迫した雰囲気。かねてから「世界一の選手になりたい」と公言している大谷にとって、世界最高峰の舞台で頂点を取ることは目標であると同時に、その緊迫感をまた味わいたいという選手としての本能の表れかも知れない。

FBM
Foundation Building Materials

EPISODE 003

1インチ長いバットに

今年の大谷は、前シーズンよりも1インチ(約2・54センチ)長い、現役の日本選手では極めて異例の長さである34・5インチ(約87・6センチ)のバットに変えた。素材は硬く反発力のあるメープル。日本選手が好む、軟らかめのアオダモやホワイトアッシュなどと異なり、メープル材のバットはメジャーの強打者に好まれる。2022年に62本塁打をマークしたアーロン・ジャッジもアメリカのメーカー、チャンドラー社製の35インチバットを使用している。シーズン後のオフからチャンドラー社製のバットに変えた大谷。前シーズンまで使用していたのは33・5インチ(約85・1センチ)で32オンス(約907グラム)のもの。そこから重さは変えず、1インチ伸ばしたらしい。

今シーズンの大谷は、本塁打のペースが目覚ましく、10号が飛び出したのは5月19日と昨季より11日早い。その要因として挙げられているのが1インチ長くしたバットだ。ただ10号までの本塁打はすべて変化球を打ったもの。まだ長いバットを扱いきれず速いストレートをとらえきれなかったと思われる。練習で新しいバットを振り込んでいたものの実戦での対応は難しく、高めのストレートを打ち損じたり、空振りすることも多かった。5月中にも元のバットに戻すのではと予想した人もいた。しかし、大谷は同じバットを振り続けた。その結果、6月には本塁打数でトップに。バットを変えてから3カ月以上経ったが、ようやく本人の感覚どおりに振れるようになったのだろう。実際、11号から22号までの12本の本塁打のうち、5本がストレートをとらえたものだった。バットは長くなるほど遠心力が増し飛距離も増すが、技術がなければ操ることは難しい。大谷はバットコントロールの技術が高く数ケ月で順応し、自身のパワーをフルに生かそうとしている。

ANGELS
17

EPISODE 004

2023年のセレブレーションは「兜」

ホームランを打った後にベンチに帰ってきた選手をお祝いするイベント『セレブレーション』。2022年シーズンのエンゼルスのセレブレーションはカウボーイハットとウォータースプラッシュであり、大谷も昨季は何度かコップに入った水をかけられた。そして2023年シーズンはなんと、日本の『兜』が用意された。

4月7日、本拠地アナハイムでの開幕戦、ブルージェイズとの対戦で初回にマイク・トラウトが先制2ランホームランを放ちベンチに戻ると、用意されていたのはこの日初お披露目となる『兜』だった。おもちゃではなく本物の兜で重厚感たっぷりの代物である。価格が33万円というこの兜、大谷が自費で購入したそうだ。

兜の案はクオリティ・コントロール・コーチのティム・バスを中心にして球団が発案したそうだ。そしてその案に大谷選手が賛同、通訳の水原が代理店とやりとりをして入手したという。

中央に獅子があしらわれていて屈強な武将が着用していたものと思いきや、実はオリジナルのもの。制作会社は甲冑工房丸武産業という鹿児島県薩摩川内市に本社をおく会社で、『紺糸威仏二枚胴(こんいとおどしほとけにまいどう)』という商品名で実際に売られている。エンゼルスで使用しているものは兜だけだが、胴や小手などあわせた一式は77万円という高額である。開幕戦でお披露目の後、この甲冑の工房には問い合わせの電話が何件もあったという。大谷効果はこんなところにも影響しているのだと、改めて彼の凄さを感じることができる。

6月27日、27号ホームランを打った大谷が兜をかぶる代役に指名したのは通訳の水原。中途半端なかぶり方を見せた水原に対し、大谷は「ノリが悪い」とベンチで笑った。

兜パフォーマンス

マンガ●みえっち

EPISODE 005

大谷が活躍するとエンゼルスの観客動員アップ

大谷がMVP級に活躍する今シーズン、スタジアムで生のプレーを見たいというファンが増えている。100年に一度の選手と言われる大谷は稀少価値が高く、幻の生物・ユニコーンに例えられるほどである。偉大な二刀流を目に焼き付けたいと、本拠地のエンゼル・スタジアムに足を運ぶファンが激増している。

エンゼル・スタジアムは、2022年の1試合あたりの平均観客動員数はメジャー13位の3万0339人。最大収容人数は4万5050人なので、稼働率は70％を下回っていた。2023年の開幕当初も空席が多く、大谷の本拠地初登板となった4月11日の観客数はわずか2万7000人と寂しい状況だった。アメリカのコメンテーターであるリッチ・アイゼン氏は「あえて言わせてもらう。大谷は球界のユニコーン。それなのにひどい観客数だ。18時半のプレイボールでこれだけしかいないのは本当に恐ろしい」と苦言を呈したほどである。

そんな状況だったが、大谷が投打ともにタイトルを狙えるほどの素晴らしい活躍を見せ、現在は1試合あたりの平均観客動員数が昨季よりも約2500人増で3万3000人をマーク。大谷が月間MVPを取った6月は平均3万3981人を記録しており、日を重ねるごとにスタジアムを訪れるファンが増加しているのだ。

今シーズン、大谷が先発登板した時のエンゼル・スタジアムの観客動員数は他の週末の試合と比べて5％増加。平日だと登板しなかった日の平均より18％も増加しているらしい。テレビ視聴率やグッズ売り上げなども、大谷が先発出場すると軒並み好調という。エンゼルスだけに限っても、大谷がもたらす経済効果は計り知れないものになっているのだ。

EPISODE 006

三塁側のカメラマン席が混雑する理由

大谷の活躍はメジャーの歴史だけでなく、球場の撮影スタイルを変えたと言われる。日本だけでなく、アメリカでも人気の大谷。カメラマンは彼のベストショットを撮るために必死だ。普通の選手と違い、彼は投打のみならず走塁や盗塁でもシャッターチャンスがあり、攻撃時も守備時も目が離せないのだ。

大谷が出場する試合ではカメラマンは三塁側に殺到するようになったと言われている。一塁側に大手メディアの席が用意されている球場でも、カメラマンはあえて早いもの勝ちの三塁側を選ぶと言われている。それはなぜか。ピッチャー大谷、バッター大谷。共に一塁側からの角度では彼の背中しか見えない。大谷のプレーを正面から撮影したいがために、彼の試合に限っては三塁側のメディア席が混雑するのだ。

そう言われてみれば、大谷のプレー写真の多くは三塁側から撮られたものが多い。気迫あふれるピッチング、豪快なスイング、ベース間を颯爽と走り抜ける様子や勝利の雄たけび、ホームランを打ったときのガッツポーズなど、二刀流のベストショットはやはり三塁側から生まれるのだろう。

カメラマンの話ついでにエンゼルスを40年以上追ってきたアメリカ人写真家のジョン・コルデス氏のコメントを紹介しよう。「大谷翔平は〝忙しい〟選手。カメラを構えていないとすぐにホームランをぶっ放すからね」。長年カメラマンとして一流アスリートを見てきたコルデス氏が初めて大谷を見たのは2017年の入団会見のとき。第一印象は大きくてアメフトの選手みたいだと感じたらしい。当時は二刀流に懐疑的な意見が多かったと記憶しているが、コルデス氏は大谷を見て「彼ならできるかもしれない」と感じたそうだ。

EPISODE 007

寝違えから始まった6月の快進撃

2023年シーズンを迎えた大谷はある目標を掲げた。「ホームラン」と「打率」の両立である。

昨年のシーズン最終戦後に大谷はこう語っていた。「もう少し打率の部分で3割近く打てるイメージでシーズン前はいこうと思っていた。その中でホームランがどれだけ出るのかが、ひとつチャレンジではあった」。ホームランを狙うと三振や凡打が増えてしまい、両立は極めて難しい。実際に2021年の大谷はホームランは46本と自己最多を記録したが、三振数は自己ワースト。打率も2割5分台と良いとは言えない成績。翌年の2022年は2割7分台まで打率はアップ、しかしホームランは34本と大幅に減少。いかにこの両立が難しいかわかる。

2023年シーズンはキャンプから打率を上げようとスタンスを広くし、構えも大きくして挑んだ。シーズン開幕直後の4月末の時点の打率は、3割まであと一息の2割9分4厘でホームランも7本。両立は順調に見えた。しかし5月に入ると変化球に苦戦しホームランはペースダウン、打率も急降下してしまった。WBCの連戦で疲れが残っていたのか、沈むボールに対して下半身が粘りきれず体勢を崩されていたようだ。

このスランプを脱出できたのは、意外なきっかけだったと言われている。5月中旬、寝違えて首を痛めた状態で臨んだ試合。前日までの前傾かつ力のこもった構えから、直立してゆったりとした構えに変化したという。首に負担をかけないと意識したのが好転、素直にバットが出るようになり、どのコースや変化球に対しても柔軟に対応できるようになった。インパクトの瞬間だけヘッドスピードを走らせて打つ。そこから快進撃が始まり、6月はホームラン15本、打率・394、打点29と月別の自己記録を塗り替えたのだ。

寝違えから始まった６月の快進撃

マンガ● kaberin

EPISODE 008

ボール球をホームラン

2023年6月23日、ロッキーズ戦に2番・DHで出場した大谷。5回に内角のボールゾーンに沈むシンカーを詰まりながら強引に左手で押し、反り返るほどに振り抜いて25号ソロを放った。内角の際からボール3個分くらい離れたボールであり、本来は手を出すべきではないボール球。打たれたフリーランド投手は「あの球をホームランにできるのは、この地球上に1人しかいない」と語っている。

悪球とまでは言わないが完全にボール球。しかも沈む変化球をスタンドまで運ぶのは相当のパワーとテクニックが必要である。今回の打球も並の打者ならファールが精いっぱいだろう。それを132メートルという特大ホームランにしてしまったのだから投手も呆然である。

今年の大谷は、ボール球も自らのヒットゾーンにしてしまっている。ストライクゾーンから約10センチ離れるような、通常の選手ではなかなか打てない際どいボール球を捉えたホームランは、2022年はわずか1本だったのに対し、2023年はすでに6本。打率も1割6分台から3割2分台へと大幅に向上している。投手からすれば、この際どいボールゾーンの球でさえもヒットゾーンにしてしまう大谷に対し投げるボールがなくなってしまう。さらに、大谷は際どいボール球をあえて狙うことで、そこに投げさせないという戦略的意図もあるという。そこを見送ってばかりいると必ず厳しいところを突いてくるので、そこに投げても打てるぞと相手投手に思わせて、次の相手の配球を変えさせる。異次元級の力と技に加え、軍師のような戦略を冴え渡らせる。それが今の大谷だ。

あんな球をホームランできるのは地球上で大谷だけ
（ピッチャー談）
ドカッ
ワァァァァ
IT'S GONE !!!!
呆然とするピッチャー
ポカーン
あのコースを…

マンガ●ジミー頁

EPISODE 009

大谷の移籍はあるのか!?

2018年から6年契約で大谷翔平はエンゼルスに在籍している。そして2023年シーズンが終了すれば契約が切れ、FA(フリーエージェント)となる。MLBのスター選手たちは契約切れの前に長期契約を結ぶのが通例だ。例えばチームメイトであるマイク・トラウトは、2019年シーズンの開幕前に北米スポーツ史上最高額となる12年総額4億2650万ドル(当時で約469億円)の超大型契約を結んでいる。大谷自身は来季の契約交渉を「代理人に任せている」と語るのみで、現時点で唯一の交渉相手となるエンゼルスは7月末のトレード期限切れ後に再契約交渉を本格化させると予想されている。

もし大谷が移籍する場合、最有力視されているのがドジャースだ。ドジャースは大谷獲得のための資金を5~6億ドル確保しているといわれる。また、DHのJ・D・マルティネスには単年契約を提示し、先発ローテには空席を残している。これらの要素からドジャースが大谷移籍の最有力候補といわれている。6月にスポーツメディアが約100人のMLB選手に対し、大谷の来季の所属先予想についてアンケートを行った。その結果、57・2%の選手がドジャースを最有力と回答した。エンゼルスは11・4%で2位であった。

大谷の選手としての価値を考えると、どの球団も喉から手が出るほど獲得したいだろう。移籍先としては豊富な資金力を持ち、なおかつ優勝の可能性がある上位5球団に絞られるといえそうだ。つまり、大都市ニューヨークを本拠地とするメッツ、ヤンキース。あるいはエンゼルスと同じくカリフォルニア州に本拠地を置くドジャース、パドレス、ジャイアンツ。大谷の移籍先候補は、アメリカの東西2つの海岸地域が有力である。あるいは――。

EPISODE 010

大谷の獲得には過去最高額が必要!?

大谷がエンゼルスとの契約を終える2023年シーズン終了後、残留するにせよ移籍するにせよ獲得には莫大な資金が必要になる。MVPを獲得したWBCや快進撃を見せる今シーズンの活躍ぶりをふまえると、最低ラインでも北米プロスポーツ史上最高額の6億ドル（約810億円）が必要になると予測するメディアもある。仮にこの額で10年契約を結ぶとなると年俸は驚愕の6000万ドル（約81億円）。2023年の日本のプロ野球のヤクルト（年俸総額約40億8000万円）や巨人（年俸総額約40億1500万円）を合わせても大谷ひとりのほうが高額になる。

獲得金額においても規格外の大谷だが、その金額に見合うだけの価値が認められているということにほかならない。2021年シーズンは投打の活躍でMVPを獲得。2022年は近代野球史上初のダブル規定を達成し、2年連続でMVP級の活躍を成し遂げている。2023年シーズンでも勢いは続き、特に6月は15本のホームランを打ち、月間の球団新記録と日本選手最多を記録した。月間で15本のホームランを記録したのは、1930年のベーブ・ルースらに続きア・リーグ史上4人目。堂々の月間MVP（野手）を獲得した。

一般的にみれば6億ドルという数字は想像のつかないとてつもない金額といえる。一方で大谷の記録を振り返ってみればそれだけの価値があり、獲得金額が過去最高額となることに何の驚きもないともいえる。唯一無二の二刀流プレーヤーの稀少性とその価値はプライスレスなのだ。残留か移籍か、その決断とそのときに動く前代未聞の獲得金額に注目したい。

ANGELS
17

EPISODE 011

大谷のトレードが難しい理由

２０２２年シーズン閉幕直前の10月、エンゼルスは大谷と次期シーズンを年俸３０００万ドル(約43億円)で契約することを合意したと発表した。だが21～22年の成績を踏まえれば最低年俸は４０００万ドル、実際の価値はそれ以上だというメディアもある。高いレベルの投打二刀流プレーヤーであり、エースと主砲を一人で担うことすら可能な大谷に対し、トレードでの獲得を望むチームは多い。だが、大谷のトレードは容易ではないといわれる。独自の特殊性が壁を高くしているのだ。

まずは打者・大谷としての特殊性だ。打者とは表の姿であり裏では…文字通りイニングの裏の守りにおいては、どこかのポジションを守備する。だが大谷はＤＨとして起用されるケースがほとんどだ。２０２２年シーズンの大谷は１５３試合にＤＨとして先発した。これはエンゼルスの全試合の94％以上に相当し、他球団と比較すると異様な数値だ。故障や不調の選手が野手としての負担を軽減するためのポジション、それが現在のＤＨの主流だ。大谷を獲得することでそのＤＨのポジションが成り立たなくなるチームが大半を占めるのである。

投手・大谷のそれは先発ローテーションの特殊性だ。現在のＭＬＢの多くの球団は中４日の５人ローテが主流だ。だが、大谷を加える場合、新たに６人ローテとなり、投手陣全体に影響が出る。現在の大谷は中４日での登板はなく、徐々に中５日も増えてはいるが、基本は中６日以上が多く、これは他の先発投手にはない特殊性だ。先発投手の多くは、登板日、翌日、2日後、3日後……というように日ごとの行動をルーティン化して体調やメンタル面の調整をする場合が多い。大谷のためにローテを崩すことを許すか…既存の選手を納得させる必要があるのだ。

FBM
State

EPISODE 012

ニューヨークでも人気沸騰中

アーロン・ジャッジを筆頭に名門ヤンキースには多くのスター選手が属している。それでも2023年4月18〜20日、ヤンキースタジアムで行われた対エンゼルスの3連戦中、他の誰よりも注目された選手は大谷だった。

「アウェイチームのスーパースターにこれほどの注目が集まったのはいつ以来かな」ヤンキースのある関係者はそう呟いたという。3連戦初戦には地元紙の一面に大谷の記事が載り、スタジアムのグッズショップには大谷のユニフォームが売り出され、ジャッジとのコラボTシャツも2年連続で販売された。3連戦中、スタジアムにはプレーオフと同等と思えるほど数多くのメディアが集結した。

大谷が全国区のスターへの階段を登り始めた2021年以降も、ヤンキースタジアムはここまでではなかった。二刀流の大谷に対しもちろん好奇の視線こそあったものの、〝お手並み拝見〟くらいの空気感だったのである。ところが、2023年の春は雰囲気が一変した。過去2年と比較してニューヨークの雰囲気が変わった理由として、やはり3月のWBCでの大谷の縦横無尽の活躍が影響しているのだろう。WBCのアメリカでの盛り上がりは日本ほどではなかったが、多くの球界関係者が注目していた。特に劇的な結末となったアメリカとの決勝戦、その9回表に大谷が盟友マイク・トラウトと一騎討ちを演じたラストシーンのインパクトは絶大だった。

しかし、WBCの活躍と同等かそれ以上にニューヨーカーにとって関心が高いことがある。大谷が2023年オフにFAの権利を得るという事実である。稀代の二刀流プレーヤーをめぐるFAは歴史的なものとなることが確実視され、ニューヨークを始めとする東海岸のファンも注目しているのだ。

17
State

EPISODE 013

大谷のスポンサー契約が話題

高所得者として有名なプロ野球選手。人気選手になるとにスポンサーからの収入も大きい。世界のスーパースター・大谷は現在13社とスポンサー契約しており、それだけで収入が3500万ドル（約45億8500万円）となる試算だ。大谷は2023年1月からスポーツブランドのニューバランスとの長期契約を締結。私服姿の大谷の足元はいつもニューバランスのスニーカーだ。WBC優勝が決まった瞬間に大谷翔平がマウンドから投げたグローブはニューバランスのものだとファンの間で話題になった。

また日本を代表する時計メーカーであるセイコーウオッチも大谷とのサプライヤー契約をしている。WBCで共に戦ったヌートバーには、身につけていたグランドセイコーをプレゼントしたという。

化粧品会社であるコーセーとも大谷は契約を結んでいる。2月16日に大谷がインスタグラムに投稿した写真にはコーセーの「コスメデコルテ」の美容液「リポソーム アドバンスト リペアセラム」が映っており、「大谷翔平の美肌の秘訣だ！」とSNSで話題になっている。大谷を広告に起用すると「コスメデコルテ」の新規購入者数は以前の3・6倍となったそうだ。

大谷の代理人を務めているのは、スポーツ専門のマネジメント会社CAAのネズ・バレロ氏。バレロ氏は、過去に日本のプロ野球界から米のメジャーリーグへ渡った斎藤隆選手や青木宣親選手も担当した実績があり、大谷のスポンサー契約も彼の手腕によるものだろう。大谷はスキャンダルがなく、企業としても安心して看板を任せられる。そういったことも彼のスポンサー契約増加に大いに関係しているだろう。

EPISODE 014

大谷の影響で二刀流選手は増えるのか

大谷翔平のMLBでの活躍は本場アメリカの野球少年たちにも刺激を与えている。彼らがポスト大谷、次世代の二刀流プレーヤーとしてMLBで輝くかもしれない。

ペンシルベニア州のワッカラナ大学野球部で投手を務めたJC・ボニーラは190センチを超える長身で、将来の夢はプロ野球選手と語る。「オータニは日本で圧倒的な存在だった。たった2カ月でアメリカでも特別な存在になった。母国とは異なる国で活躍できるのは本当にすごいことだ」と大谷の適応能力の高さをまず評価する。そして「投手としては隙がないし、打撃練習でもスタンド上段にポンポン飛ばす。いつも全力でプレーするし、集中力も高い。相手ピッチャーのコントロールが崩れて、フォアボールで出塁することに納得しない悔しそうな表情を見せるが、そういう姿も素晴らしい。野球少年の憧れの象徴だと思う」

大谷の二刀流の活躍にボニーラが関心を寄せるのは、自身も学生野球の最前線でプレーし、将来はプロを嘱望するからこそだ。「自分もバッティングが好きだったけれど、プロに行きたかったらどちらかに絞ったほうがいいと言われて投手一本にした。アメリカではプロを目指す選手には二刀流という選択肢はなかった。二刀流はチームにプラスをもたらすけど、誰にでもできることじゃない」と大谷がいかに特別な存在か語った。

MLBで二刀流の選手がプレーするのはベーブ・ルース以来100年ぶりと言われるが、現代の野球少年にとって「二刀流＝オータニ」という絶対的シンボルであることは間違いない。プロ志望の野球少年たちは投手、打者の二者択一だけでなく、二刀流という選択肢にも興味を持ちつつある。大谷がその道しるべとなっているのだ。

EPISODE 015

ユニコーン

昨今、日本人選手が海外で活躍する機会が増え、聞きなれない英語を耳にすることが多くなった。投打二刀流で唯一無二の活躍を見せている大谷について、現地の実況の表現が話題になった。

「彼は『ユニコーン』でスーパーヒーロー、漫画のキャラクターです。彼がやっていることは、(現実には)起こりえないことなんです。彼ができることを実現するためには6人の選手と契約しなければいけません」

2021年4月26日、レンジャーズ戦で「2番・投手」の〝リアル二刀流〟で出場した大谷。投げては5回3安打4失点で3年ぶりの白星を手にし、打っては強烈な二塁打にバント安打を放つなど2安打2打点を記録した。そんな大谷を称した「ユニコーン」という単語には、まさにアンビリーバブルという意味が込められている。

「ユニコーン」とは神話に登場する一角獣であり、現実では実在しない生き物である。人々が夢見るような現実離れした存在や滅多に目にすることのできない人物を意味する。ホームラン数リーグトップでありながら先発マウンドにも立つのはベーブ・ルースと大谷くらいである。その類い稀な才能に「ユニコーン」という言葉はぴったりだ。この「大谷=ユニコーン」説は瞬く間に広まり、本拠地のマリナーズ戦に出場した際、地元放送局はユニコーンのぬいぐるみを抱えた少女ファンを映し出した。実況席も「女の子がショウヘイを抱えています」と伝えた。

大谷自身もこのユニコーンという表現を気に入っているようで、ホームランを確信しダイヤモンドを回ってる最中に人差し指を天に突き上げるポーズをすることがある。これは一角獣・ユニコーンを意識してのパフォーマンスらしい。

ユニコーン

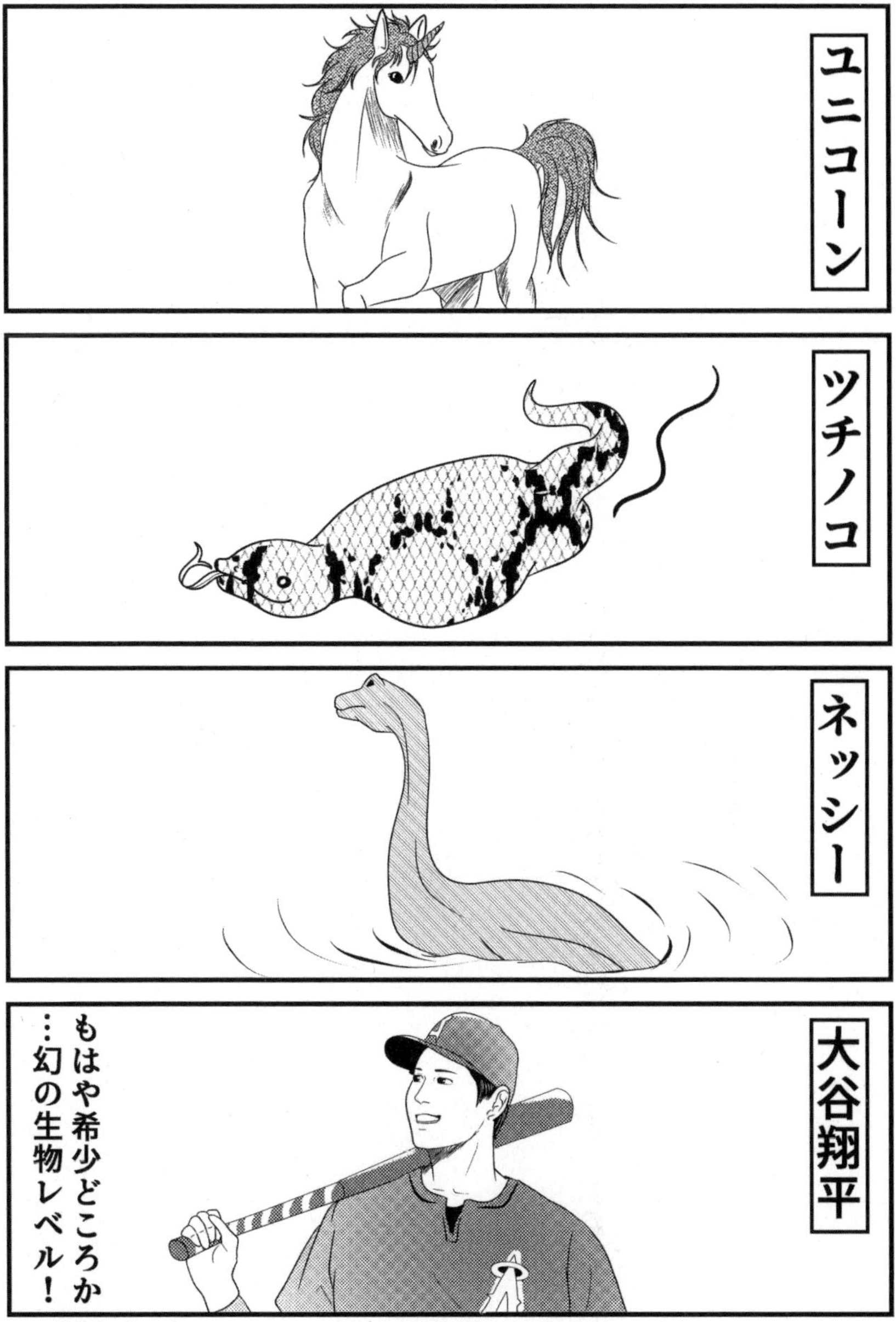

マンガ● kaberin

EPISODE 016

大谷に学ぶMLB英語

2023年6月の大谷翔平の信じられない活躍ぶりに、アメリカのメディアも称賛のためのボキャブラリーが限界に達したようだ。

6月は27試合すべてに先発出場し、打者として打率・394、15本塁打、29打点、4盗塁。月間15本塁打は球団新記録にして日本人選手最多という超人的記録で、自身3度目となる月間MVPに輝いた。これまで、「Amazing(素晴らしい)」「he is not human(人間技ではない)」「unreal(現実とは思えない)」「otherworldly(別世界の、異次元の)」「incredible(信じられない)」などの美辞麗句を駆使して大谷の記録を報じてきた記者たちも、ついに「defy description(筆舌に尽くし難い、言葉で表現できない)」というメディアとしては敗北的な表現を行い始めた。

同じような表現に「beyond description」がある。例えば「She is very beautiful beyond description」は「彼女は言葉で言えないほど美しい」となる。6月の大谷の活躍はまさに、言葉にならないという表現がふさわしかった。スタンドのファンは「MVP! MVP!」と熱狂。大谷は観客席からMVPコールに対し、「It gives me a lot of motivation to do better(頑張ろうというモチベーションを高めてくれる)」と語った。年間50本塁打以上のペースであり、本人の「Hitting-wise, I feel like it's up there for sure right now(打撃に関しては今が一番いいかも)」と語る言葉に日本人初のメジャー本塁打王が現実味を帯びてくる。

ANGELS

OHTANI
17

イラスト●のりたま
@Gotamaoo8

第2章

世界一に輝いたWBC

世界を制した二刀流

6年ぶり開催のWBCで
投打にわたり大活躍の大谷
漫画を超える熱い展開
世界を制したリアル二刀流
劇的優勝を果たす！

こんな大谷見た事ない
wBC準決勝メキシコ戦
9回裏4―5
絶体絶命――…
――ヒット
打ってくる
マンガ●長次郎

スス…
――バットを短く持った…⁉
ヘルメットを飛ばし――

ベース上で吠えて
チームを鼓舞!!
カモン!!
こんな翔平は
初めて見た!!!
JAPAN
16
このあと日本は
逆転サヨナラ勝ち
決勝進出を
決めた!!

EPISODE 017

こんな大谷見たことない!!

2023年のWBC準決勝、大谷の鼓舞が侍ジャパンに奇跡を起こす。4－5で1点ビハインドで迎えた最終回最後の攻撃。先頭打者の大谷は初球を右中間ヒット。一塁に達する前にヘルメットを飛ばして激走した大谷は、二塁上で両手を振り上げながら「カモン！　カモン！　カモン！」雄叫びを上げ、自軍のベンチを煽った。冷静でクールな普段の大谷からは想像できないこのパフォーマンスに、侍ジャパンの選手たちも呼応、反撃ムードは一気に盛り上がった。そして9回無死一、二塁の場面を作り上げた侍ジャパン。打席に立つのは今WBCでは絶不調の村上宗隆。しかし大谷の雄たけびに感化され村上は目覚めた。中越えに2点二塁打を放って試合を決めたのだ。ホームに生還した大谷は子供のようにはしゃいでいた。敗色ムードを打ち破った大谷の鬼気迫る激走&激情にチーム全員が燃えたのだ。昨年、歴代最年少で三冠王となった村上。代表の4番を任された彼には相当な重圧がかかっていただろう。大谷はその苦しさを誰よりも知り声をかけていた。この日も大谷はベンチで村上に相手投手の情報を細かく伝えていた。そして9回の村上のファーストスイングを見て、大谷は打ってくれると確信したそうだ。この時の心境を大谷は「ファーストスイングからいい軌道で振れていた。苦しかったと思うが、人一倍バットを振っていたし、必ず打ってくれると」と語っている。

このような大谷の姿はMLBではあまり見られない。シーズンではベンチ裏で準備をするケースも多いが、今回は高校球児のようにベンチでも白球を追い、チームメイトとの時間を共有した大谷。ベンチの最前列に陣取ってチームメイトを鼓舞する姿にアメリカのファンはまた一段と彼を好きになったのではないだろうか。

JAPAN
16

EPISODE 018

決勝前の伝説的スピーチ

2023年のWBCはまさに映画のようなシーンの連続だった。主人公はもちろん唯一無二の投打二刀流で八面六臂の活躍を見せMVPを獲得した大谷翔平だ。 そしてこの物語には、大谷の珠玉の名言があった。それはまさに試合の裏側である控室での一幕である。ツイッターの日本代表公式アカウントで公開された動画。アメリカとの決勝、試合直前のロッカールームの様子を写したものである。

輪になって集まる選手たちに対して栗山英樹監督が「翔平。お願いします」と声出しの音頭を促した。そして大谷はこう続けた。


「僕から1個だけ、憧れるのをやめましょう。

ファーストにゴールドシュミットがいたり、センターを見ればマイク・トラウトがいるし、外野にムーキー・ベッツがいたりとか、野球をやっていれば、誰もが聞いたことがあるような選手たちがいると思うんですけど。

今日1日だけは、憧れてしまっては超えられないので。

僕らは今日超えるために、トップになるために来たので。

今日1日だけは、彼らへの憧れを捨てて、勝つことだけ考えていきましょう!

さあ、行こう!」


時間にして32秒。この短いスピーチは各方面で絶賛された。単純な熱血だけではない。だが難解な言葉でもない。野球と仲間に対する思いと勝利への渇望が込められた主人公・大谷の言葉であった。

伝説のスピーチのはずが…

マンガ●みえっち

EPISODE 019

ダルビッシュ―大谷リレーの裏側

ＷＢＣの決勝で実現した、ダルビッシュ―大谷という現役メジャーリーガーによる夢の投手リレー。野球ファンが熱狂したこのリレーだが、実現できるかどうかわからない「幻のリレー」でもあった。

ＷＢＣ前から、侍ジャパンが世界一に輝くための最大のポイントは、大谷とダルビッシュをどの試合で投げさせるかだと言われてきた。投手陣のキーマンである二人のリレーが、決勝戦において本当に実現するかは極めて微妙な状況だった。二人はともに準々決勝イタリア戦で登板しており、そこから決勝の21日までは中５日。アメリカ移動を挟んでいるため実質的に中４日なのだ。大会前にエンゼルス側が大谷の登板間隔を中６日以上としており、ダルビッシュも実質的な中４日は厳しく、本来なら決勝戦での登板はありえなかった。

しかし、侍ジャパンの栗山英樹監督は、二人が「投げます」と言ってくるのではと期待していたという。アメリカと世界一をかけて戦う決勝。野球人生でもう二度とないかもしれないシビれる舞台。「彼らの野球観なら言ってくるだろうとは思っていた」と栗山監督は語る。エンゼルス側に大谷が決勝前日に意向を伝え、最終的に決まったのは決勝当日。ダルビッシュが登板を決断したのも決勝当日だった。

決勝戦、日本が3対1とリードした8回に、満を持してマウンドに立ったダルビッシュ。この大一番にアメリカの中軸打線と対峙。ソロアーチを被弾したが、同点は許さず。調子が悪いながらも意地を見せつける。そして9回、この最年長右腕に続いたのが大谷だった。最後、トラウトを三振に打ち取り優勝。アメリカ打線を封じた日本の豪華リレーは、ダルビッシュと大谷の、そして二人の思いを信じ待ち続けた栗山監督の信念が生み出したものだった。

ダル–大谷リレーの真相

マンガ●タナカ アツシ

EPISODE 020

WBC決勝、トラウトとの対決

2023年のシーズン前キャンプ、大谷翔平がブルペンに入ることを聞きつけたマイク・トラウトが大谷本人に尋ねた。「打席に立っていいか?」大谷の球筋を見るためだった。しかし答えは「NO」。その時点で大谷は、WBCでのトラウトとの真剣勝負を予測し、球の軌道を見られたくないと考えていたのかもしれない。そしてWBC決勝、2人の対決は現実のものとなった。3対2と日本リードで迎えた9回アメリカの攻撃。2死、走者なし。打順はトラウト。マウンドには大谷。一発出れば同点というシビれる場面でメジャー屈指の2人が激突。しかもチームメイトであるがゆえ、これまで実戦での対戦はなし。ライブBPなど練習での対戦もなし。まさに夢の対決の瞬間であった。打席に入るとき、トラウトは大谷に向かって、なにやら独り言を言っていた。読唇術で予測したファンによれば〝Alright, man. Here we go. Let's do this〟(いよいよだな。さぁ、始めようぜ!)

まさに映画のワンシーンのようなセリフで始まった歴史的な勝負は6球。初球、スライダーが外れボール。2球目は真ん中高めの直球を空振り。3球目は直球のボール。4球目の161キロ直球を空振り。5球目の163・5キロの直球は外角低めに外れボール。フルカウントの勝負の6球目、内角から外角に大きく横滑りするスライダーにトラウトのバットは空を切った。大谷は帽子とグラブを投げ捨てると、雄叫びをあげてチームメイトと歓喜の輪を作った。世紀の名勝負の決着の瞬間は、14年ぶりの日本代表・侍ジャパンのWBC優勝の瞬間でもあった。「悔しいけど、楽しかった」と振り返ったトラウトは、すでに次のWBCにも「どんな形でも参加したい」と出場の意思を語り、リベンジへの渇望を見せた。

トラウトと大谷

マンガ●みえっち

EPISODE 021

WBC決勝でスプリットを使わなかった訳

日本中を熱狂させた、今年のWBC。大谷は決勝戦の9回、魔球「スプリット」を使わず、直球とスライダーの2球種のみで勝利したことが話題となっている。その理由を探ると、大谷が「投手として究極の領域」に到達しようとしていたことが明らかになる。

9回表、14年ぶりの頂点まであとアウト3つ、しかしリードは1点のみという油断ならない状況。捕手はバッテリーを組むのは初めての中村悠平。大谷は投球前に口元を隠し中村に伝えた。「甘めでいいんでドッシリ構えてください」自分の球で抑えにいく。しっかり捕球してくれさえすればいい。打たれたら自分の責任。という大谷の決意と冷静さを表している。年下の投手が年長の捕手にこのような要求をすることはまずないという。ましてや中村はヤクルトで日本一を経験した日本球界屈指の捕手。しかし中村は大谷の要求を即座に呑み込む。捕手にとっての不安要素は初めて受ける大谷の球を捕球できるかどうか。大谷は細かいことを求めないことで、中村をリラックスさせようとしたのではと推測する専門家もいる。

好投手の条件はやはりストライクを投げ込めることだが、反面打たれる不安も大きい。大谷は真ん中に投げても打たれない自信を持っており、捕手の構えにはこだわりなかった。対戦したトラウトたち3人の打者に対して、大谷は最速164キロの直球とスライダーのみを駆使し、スプリット(フォーク)を使わずに勝利した。スプリットのような縦の変化球は捕手が取り損ねる可能性が高まるため、最初から直球とスライダーのみでトラウトたちを抑えるつもりだったと思われる。大谷の中村への発言は、自身の持ち球への絶対的な自信の表れでもあったのだ。

JAPAN
16

EPISODE 022

泥だらけのストッパー

日本対アメリカのＷＢＣ決勝。９回表の時点で３対２とリードし、この回を守り切れば優勝という場面にて、クローザーとして大谷翔平投手が満を持してマウンドに上った。日本中の興奮が最高潮に達しようとしていた。

大谷の後ろ姿を見て、中継リポーターの中居正広氏は実況の清水俊輔アナウンサーへ興奮気味に話しかける。

中居「泥だらけのストッパー、泥だらけのリリーフピッチャー、初めてです」

清水「ユニフォームが汚れてますからね。ただ中居さん、本当に、舞台はこれ以上ないという、そんな展開ですね」

中居「最高の、最高の場面、最高の試合ですね！！」

そして大谷はエンゼルスのチームメイト、マイク・トラウトを空振り三振に仕留め、優勝を決める。三振の瞬間、グラブとキャップを投げ捨て喜びを爆発させるシーンは、野球史の伝説的な一幕となった。

この時、中居が何気なく口にした「泥だらけのストッパー」はその後、ＳＮＳ上で話題となった。普段から野球が好きで見ているからこそ気づいたのだろう。名言の生まれた瞬間である。通常、クローザーなどのリリーフ投手は、登板するまで試合には参加せずブルペンで投球練習を行っている。そのため、ユニフォームが汚れることはまずないが、大谷の場合は登板するまでに打者として塁に出た際のスライディング等で土埃がビッシリついていることも少なくない。この日も、大谷は３番・ＤＨで先発出場、６回の攻撃前に三塁側ベンチから左翼後方のブルペンへ向かい、登板準備をスタート。７回に打順が回ってきたこともあり、ベンチとブルペンを何度も往復する姿は新鮮だった。１点リードの９回にＤＨを解除してクローザーとして登板。史上稀な「泥だらけのストッパー」となったのである。

イラスト●てらりん

EPISODE 023

ダルビッシュ有が語る大谷

侍ジャパンのチームメイトとして、そしてメジャーの先輩として大谷の活躍を間近で見ているダルビッシュは、大谷の投打二刀流について特に驚かないと語る。大谷の凄さは彼のルーティンにあるという。「日々の過ごし方や、どういう物を食べているのか、そこがすごいんですよ」「打つ姿を見て、『すげぇ！すげぇ！』って言うだけじゃなくて、それを目指さなきゃいけない」侍ジャパンで同じチームとなった大谷のルーティンを徹底観察し、そのストイックぶりに感心したという。また、2022年シーズンが終わった後のインタビューでは、投打二刀流をこなす姿をこう語っている。「いやもう、すごいですよ。もちろんMVPを獲っているのもすごいですけど、何よりも体力ですよね。1年間（投手と打者の）両方で出るのは体力的にもすごい。それだけ、両方大好きじゃないとできないじゃないですか。いつもすごいなって思ってますね」大谷は本当に心の底から野球が好きなのだろう。大谷は持って生まれた恵まれた肉体がある。しかし、それだけでは彼のような野球選手にはなれない。野球を愛し野球にすべてを捧げた大谷だからこそ、楽しみながら二刀流に挑戦し成功したのだ。

2023年7月にパドレスの地元ラジオ局がダルビッシュに取材をした。大谷について「野球に、誰よりも生活の時間を多くかけているのは勉強になります」とコメントした。ダルビッシュも野球については真摯で勤勉、努力家として有名である。その彼から見ても、大谷ほど野球漬けの生活をしている選手はいないそうだ。

ダルビッシュは大谷の生活や姿勢を高く評価しており、それが彼の偉業につながっていると解析している。他の選手たちとは少し違った観点からの考えだが、非常に的を射ているものではないだろうか。

大谷を観察するダルビッシュ

マンガ●みえっち

WBC決勝・トラウトとの対決

マンガ●長次郎

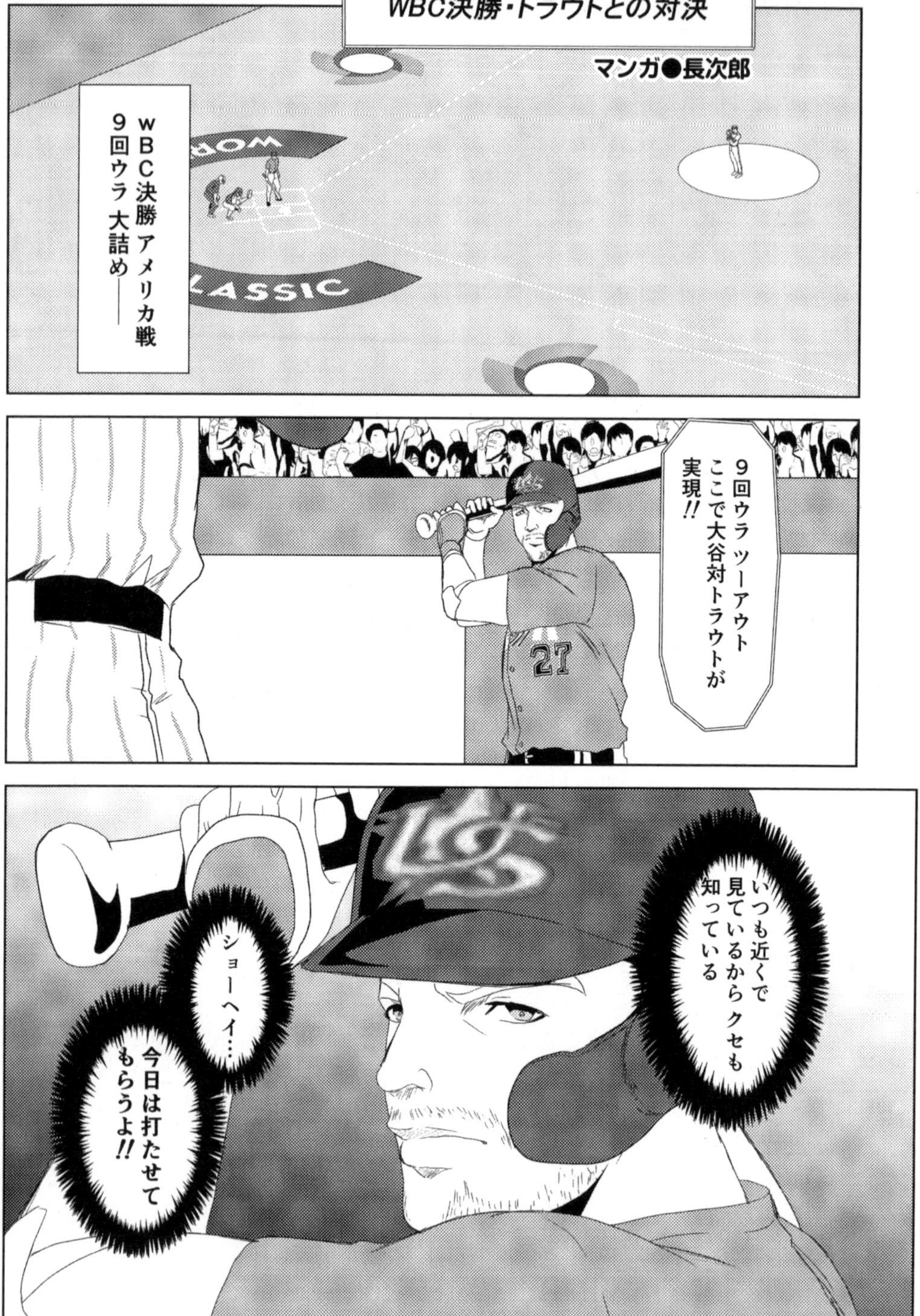
WBC決勝 アメリカ戦
9回ウラ 大詰め——
9回ウラ ツーアウト
ここで大谷対トラウトが
実現!!
いつも近くで
見ているから クセも
知っている
ショーヘイ…
今日は打たせて
もらうよ!!

ヒジの位置が
いつもと違う…ッ!?

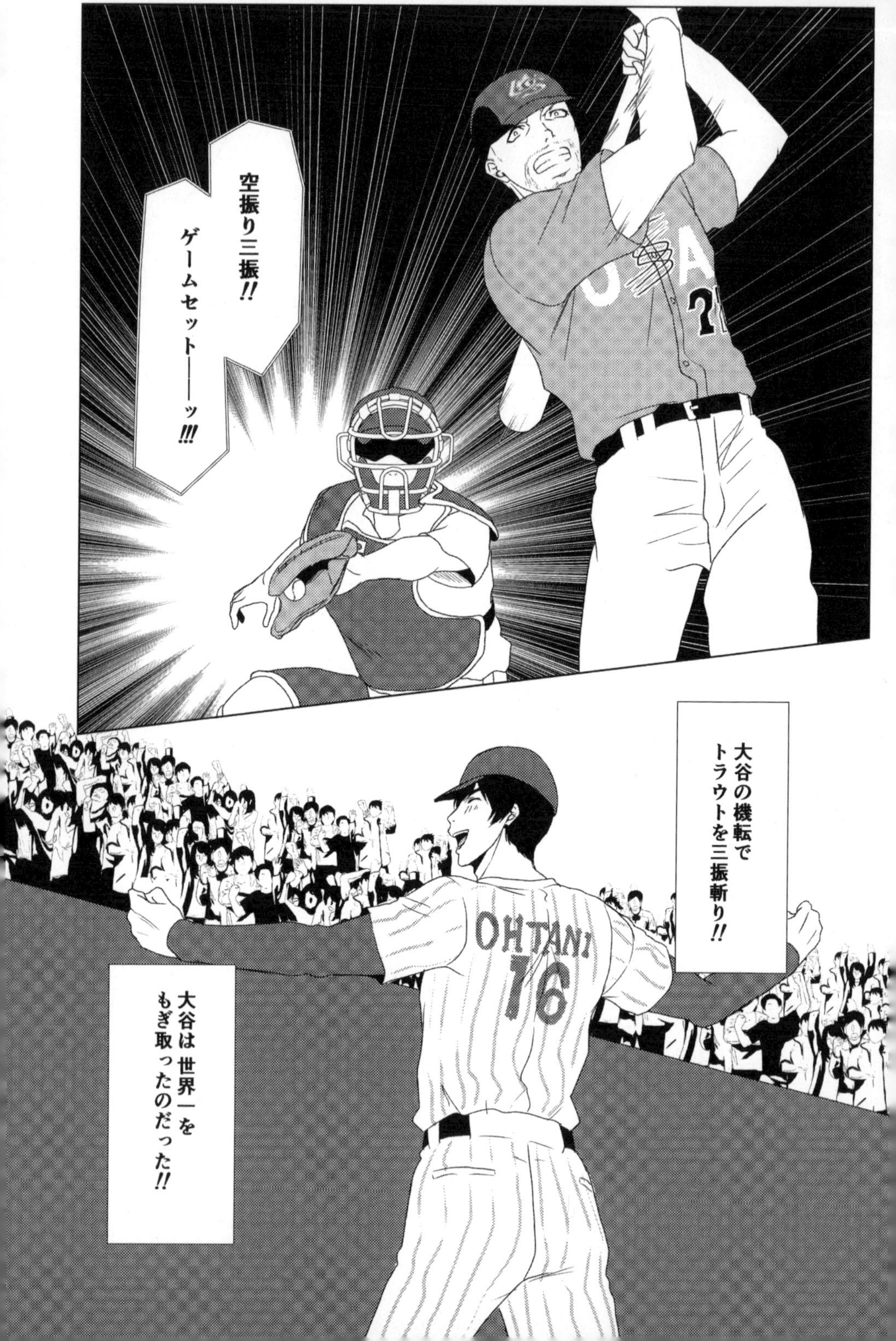
空振り三振!!
ゲームセット――ッ!!!
大谷の機転で
トラウトを三振斬り!!
OHTANI
16
大谷は世界一を
もぎ取ったのだった!!

EPISODE 024

右肘を下げるフォームでトラウトに挑む

WBC決勝で相対した大谷とマイク・トラウト。エンゼルスのチームメイトである二人は、試合前の練習中にトラウトがケージ裏に足を運び、大谷と記念撮影するなど仲の良さを見せた。その練習で大谷は2階席のアッパーデッキに運ぶ特大弾を連発。強打者ぞろいのアメリカ選手たちもあっけにとられたように見入る中、大きくうなづくトラウト。相手に自らの打撃を見せつける大谷と、それを真正面から受け止めるトラウト。心理戦は試合前から始まっていた。「エンゼルスの選手たちと対戦するのは特別です。普段は仲間として戦っていますし、お互いのことを知っているなかで、お互いの国を代表して戦うのは当然のこと。そのなかでトラウトは、今の野球界のトップにいる選手だと思う。日本人にとっても、アメリカ代表とやるのは特別なことだと思います」と大谷は語る。

決勝戦の9回ツーアウト。3-2とリードは1点差と緊迫の場面。ここで大谷とトラウトの同僚対決が実現した。トラウトに対し大谷は、やや右肘を下げたフォームで挑んだ。トラウトは相手の投球フォームの癖から球種を見やぶることに長けている達人。ピッチャーとしての本能か危険を察知した大谷は、ストレートとスライダーの見分けを難しくするため、咄嗟に右肘の位置を変えて投球したのだ。初球のスライダーを投げた後はカットボール気味のストレート、そしてフルカウントから水平に大きく曲がるスイーパーで空振り三振を奪った。「誰よりも彼の凄さを近くで見ていてわかっているだけに、自分のベストを超えないと勝てないと思っていた」互いの実力を誰よりも知る大谷とトラウトのWBC決勝対決は、達人同士が思慮をめぐらす丁々発止の心理戦でもあったのだ。

EPISODE 025

ヌートバーが語る大谷

ある取材でベンチプレスとスクワットの最重量記録を問われたラーズ・ヌートバーは「僕は高校くらいからやってないから正直分からないけど、ショウヘイがやる重さの3分の1くらいかな」と答えた。そして、大谷が試合後に行なっていたトレーニングの様子を語った。「ショウヘイは本当に凄いんだ。どんな試合後でも、かならず5回5セットをやった後に、500ポンド（約227キロ）くらいを簡単に上げちゃうんだ。彼にとってはあの重さも楽勝みたいだよ」別の取材では「ショウヘイはたくさん寝るんだ。昨日も『食事に行くか？』と誘ったら『寝てる』という返信が来たよ。彼はありのままの自分に満足している。普通の人間、謙虚、おおらか。スーパーヒーローの才能を持つノーマル・ガイ。そこが一番凄いことだと思う」

大谷を語るとき、ヌートバーの目は光り輝く。野球少年が憧れの選手について語る姿となんら変わらない。「ショウヘイのような（華麗でパワーのある）フリー打撃は今までに見たことがなかった。WBCのマイアミで大谷がフリー打撃を行った後、（カージナルスで同僚の）アレナドと話をしたんだ。アレナドは将来殿堂入りするような偉大な選手だけど、その彼でさえ『大谷のようなフリー打撃は見たことがない』と言っていた」

WBCを機に一気にプレイヤー同士としての絆を深めた大谷とヌートバー。地元メディアではふたりの関係がセントルイスに吉報をもたらすのではないかと伝えている。つまり、大谷がFAとなった際のカージナルスへの電撃移籍である。WBCだけではなく、MLBにおいてもチームメイトとして2人がともに戦う可能性にも注目したい。

JAPAN
8

JAPAN
16

EPISODE 026

捕手・中村から見た大谷の15球

WBC決勝の9回、大谷とバッテリーを組んだ中村悠平捕手。しかし、中村が大谷と組んだのはこの日が初めてだった。中村が、大谷と組むのを知ったのは試合の中盤6回、栗山監督が7回は大勢投手を登板させると話した時だったという。「7回に大勢ということは——8回、9回に投げる投手は予想がつくじゃないですか。ダルビッシュさん、大谷が二人とも投げるんだなと、その時に気付いたんです」

それまで練習、ブルペンでも大谷の球を一度も受けたことがなかった中村。二人の初めての打ち合わせは9回、3-2とリードはわずか1点差、日本の勝利まであとアウト3つという最大のヤマ場だった。

9回2死、走者なし。打席にマイク・トラウトが入ったのは、大谷が9球目を投げた後だった。10球目となるトラウトへの初球は低めに外れるスライダー。以降は4球連続ストレートで2ストライク3ボール。フルカウントからの通算15球目。中村はスライダーのサインを出した。「最悪なのは一発を打たれることだったので、スライダーがベストな選択だったのかなと。そうしたら、最後にすんごい球が来ました」

大谷の投げたスライダーは真ん中から外角へ大きく水平に曲がり、トラウトのバットは空を切った。大谷が得意とする、通常の倍ほども曲がるスライダー「スイーパー」だった。中村は、この15球目がスローモーションのように見え、気づいたらミットに入っていたと語る。「本当にスローモーションみたいな感じだったんです。ボールが出てから、最後に自分のミットに収まるまで。今までにないような経験でした」初めて尽くしだった「大谷とのWBC」を中村はこう語る。「WBCはかけがえのない体験。第一線でずっと活躍して、また出たい」

EPISODE 027

最年少三冠王・村上宗隆が語る大谷

2022年に史上初の5打席連続本塁打、日本選手年間最多の56本塁打、そして史上最年少の22歳で三冠王を達成した村上宗隆。日本球界の若きスラッガーは大谷の凄さを間近で目撃しそのプライドが揺らいだという。2023年3月3日、侍ジャパンに大谷が合流し見せたフリーバッティング。桁違いの打撃を見せる大谷の姿に、村上は悔しそうな表情を見せながら言葉を失っていた。

ダルビッシュはこのときの様子をこう語る。「この前大谷くんが名古屋で凄いバッティング練習したじゃないですか。そのとき他の選手たちはすげぇ！すげぇ！ってなってるわけですよ。僕、村上くんの表情だけずっと見てたんですよ。1人だけハァ？じゃないですよ、怒ってるんですよ。」ダルビッシュは大谷合流前の野手会で、村上が周りの選手に大谷は次元が違うから勝てないと言われ、「でもわかんないですよ」「負けたくねぇ」とずっと反論していたことを思い出したそうだ。最年少三冠王をとった村上は、自分なら大谷に勝てるのではないかという自負があったのかもしれない。しかし、大谷のバッティングを見せつけられ自信を失ってしまったのではないか。

「打球の上がりだったり飛び方、全てにおいて（自分とは）違うなと感じました」村上はこの時の心境をこう語った。その言葉は苦い思いも含んでいたように聞こえる。大谷のバッティングの前に、令和の三冠王のプライドが揺らいだのだろう。精神的なダメージの影響なのかWBC1次ラウンドで極度の不振に陥った。その様子を最も気にかけていたのは大谷だろう。不調のまま迎えた準決勝メキシコ戦。1点を追う9回、無死一、二塁の場面で、センターのフェンスに直撃する逆転サヨナラ打を放った村上。日本の悩める4番が復活を果たした瞬間だった。

NX
NIPPON
EXPRESS
16

EPISODE 028

WBCでも活躍した水原通訳

WBCでの日本ベンチ、大谷の横にぴたりと張り付き、ときに真剣に会話をし、ときに柔和な表情で笑い合う男の存在が気になったファンも多いだろう。エンゼルスで大谷の専属通訳を務める水原一平だ。水原は日系選手として初の代表となったラーズ・ヌートバーの通訳も務め、練習の流れ、コーチとの会話の手助けなど細やかな気配りを見せた。いかにも日本人らしい心遣いといえる。実は水原が担った役割はこれだけではない。栗山監督からの選手交代の指示や、時には審判への抗議の際にも通訳を担当したという。さらに日本代表の城石コーチは秘密兵器としての水原の役割を語った。「一平(水原)にも期待していますよ。分析、なんていえばかっこよすぎるけどね。守備の面でも相手バッターの特徴とかそういうことを含めて情報を聞ければ」実際の分析については、専門のアナリストが担当しているが、攻撃面での相手投手の攻略だけではなく、守備の場面で相手打者の打球方向の癖など、MLBで彼らの特徴を見てきた水原の情報にも期待していたということだろう。

2023年2月、大谷とともにアリゾナのエンゼルスのキャンプに同行し公私共にサポートした水原。3月には大谷とともに東京へ。代表チームと合流し、大阪市内で開かれた焼肉店での決起集会には31人目の侍として出席した。大谷との関係は日本ハム入団の2013年から。大谷がメジャーへ移籍すると共にアメリカへ。2021年に大谷がMVPを獲得するとエンゼルスは球団独自の賞として「MVI(最優秀通訳)」を水原に贈った。MLBのスーパースターとなった大谷と日本代表との懸け橋として務めを果たした水原。その活躍を誰よりも喜んでいるのは大谷自身だろう。

EPISODE 029

大谷から学ぶWBCメンバーたち　その1

２０２２年にルーキー歴代最多記録に並ぶ37セーブをマーク。新人王のタイトルを獲得した巨人・大勢。ＷＢＣ日本代表に初招集され、決勝のアメリカ戦では2点リードの7回を任され、ダルビッシュ－大谷の必勝リレーへとつないだ。大勢は投球練習の際に大谷に「強いボールを投げるね」と声を掛けられたそうだ。そのときに左打者対策も大谷からアドバイスしてもらったという。プロ野球でよく言われる2年目のジンクス。大勢は大谷からのアドバイスの影響からか、今のところジンクスを感じさせない活躍を見せている。

打者としての大谷も侍ジャパンの選手たちに大きなインパクトを残している。現在ロッテの主軸として活躍する藤原恭大もその一人だ。ＷＢＣ開幕前の強化試合にサポートメンバーとして選ばれた藤原。フリー打撃で次々とスタンドへとボールを運ぶ大谷を見て衝撃を受けた藤原は自らを見つめなおしたそうだ。大谷という世界レベルのホームランバッターを目のあたりにし、自分は堅実にしっかりとセンター返しを心掛けていこうと思ったという。

１８９センチの長身と筋肉質な肉体でシルエットは大谷を彷彿させるオリックス・山下舜平大。「大谷二世」と話題になったこともある。そのことについて山下に尋ねると「嬉しい以外ないですけど。あんな選手に似てるって言われるだけで、嬉しいですけど」大スターと似ていることに喜びはあるものの、謙遜の気持ちのほうが強そうだ。山下はＷＢＣ強化試合の際、大谷の練習する姿を食い入るように見つめていた。それ以外にもＷＢＣから帰ってきた宇田川優希たちから情報収集をするなど余念がない。ゆで卵を沢山食べるという情報を得た山下は早速真似しているかもしれない。

EPISODE 030

大谷から学ぶWBCメンバーたち その2

WBC決勝の8回表。ブルペンにいたオリックス・宇田川優希は、マウンドへゆっくりと歩いていく大谷の背中が記憶に強烈に刻み込まれている。「もう、オーラがやばかったです。アメリカの球場なので大谷さんのファンもいっぱいいて、『ショーヘーー!』みたいな感じですごく盛り上がって…その中を歩いていく。なんて言うんですかね…言葉では表せないです、あのオーラ。すごかった。カッコよかったです」宇田川は、大谷の食事にも驚いたという。「大谷さんの食事、すごかったです。試合前はご飯大盛りに、ゆで卵5、6個に、ブロッコリーとサラダだったので、何をおかずにして食べるんだろう?と思って。あとはパスタも塩で食べるという話をしていました」まだ若い宇田川にとって大谷の徹底的に管理された食事は衝撃的だったようだ。

WBC決勝で勝利投手となった横浜・今永昇太。とくに感銘を受けたのは、やはりメジャーリーガーの大谷とダルビッシュの存在だった。今永が語る大谷の第一印象は「とにかく凄い」こと。最初は何がすごいのか言葉に表せなかったが、短い期間ながらも大谷と過ごして、少しだが理解できたと語る。それは徹底した自己管理だという。「野球に対して雑なところが一切ないんです。試合後は必ずウェイトをやってコンディションを整え、食生活も含め規則正しく日々を過ごしている。あのレベルの選手がそれをやっているところは本当に参考になりましたね」

中日・高橋宏斗は大谷の意外な一面を語った。高橋は大会期間中、食事会場で大谷をよく見かけたが、その時の大谷はとにかくたくさんの卵を食べていたそうで、毎回3つは食べていたと吐露。たんぱく質を摂ることを意識していた大谷。高橋も真似て挑戦してみたが、口がパサパサになり断念したそうだ。

NIPPON
EXPRESS
JAPAN
JAPAN
地域の食と流通を支える食品問屋
旭食品
SINCE 1923

EPISODE 031

栗山監督が語るWBCの大谷翔平

今回のWBCにおいて3大会ぶりの世界一に輝いた侍ジャパン。チームを率いた栗山英樹監督が、大会MVPを獲得した大谷翔平との〝秘話〟を語った。

侍ジャパンを支えたキーマンたちとのエピソードや先発ローテーションを決めた時期などを語ったのち、栗山監督は球史に残る死闘となった準決勝メキシコ戦について触れた。9回裏の大谷について「あんなに感情を全てのシーンに出して野球をする大谷翔平は初めて見た」「1試合にすべてを懸けて、みんなが勝ち負けだけに命を懸けて戦う。それこそが彼にとって一番楽しいわけですよね。だから彼の喜怒哀楽みたいな感情が前面に出た。それにみんなが引っ張られた」と大谷の闘志溢れるプレイを称賛した。

さらに「これは誰にも言ってないですけど」と前置きして、「(9回裏に)大谷翔平がツーベースを打ったじゃないですか。あの時に大谷はバットを短く持っているんですよ」と告白。大谷はあの打席だけ、バットのグリップエンドを少し余らせてバッターボックスに入り、ヒットを狙っていたのだ。「大谷が誰に言ったか分からないですけど、『ヒット打ってくるね』って言ったらしいですよ」「イメージ通りだったから、ああいう表情になったのかもしれないですね」と語った。先頭打者で二塁打を打った大谷がベース上で日本ベンチに向かって感情をむき出しに吠えた。その鼓舞が逆転サヨナラにつながった。栗山監督が繰り返すのは大谷の感情について。チームや試合やひとつひとつのプレイに対する自己の感情を忌憚なく発露する。それはすなわち野球を楽しむこと。大谷はWBCという舞台で誰よりも野球を楽しんでいたのだろう。

栗山監督はおかん

マンガ●みえっち

EPISODE 032

ゴールのない高みを目指している大谷

ＷＢＣ日本代表チームでヘッドコーチを務めた白井一幸。大谷とは日本ハム時代もコーチと選手として、よく大谷にジョークでイジられるほど親しい間柄であった。そんな白井がインタビューで、ＷＢＣの大谷について語った。

白井と大谷は約5年ぶりの再会。大谷が侍ジャパンに合流したとき、グラウンド上で白井に体当たりした光景がほほえましいと話題を呼んだが、白井はこれに深い意味が隠されていたと語る。「5年の空白期間で、勝手にこっちが距離を感じていた部分もあったと思います。親しみを持っての体当たりには『白井さん大丈夫ですよ、なんでそんなによそよそしいんですか』というメッセージが込められているような感じがしました」

白井によると、目標達成型の選手が多い中、大谷は『目的達成型の選手』だという。「目標達成型の選手は世界一になったことで気が抜けたり、小さなバーンアウトになったりしますが、大谷はエンゼルスのユニフォームになれば、完全に気持ちが切り替わる。ある意味、ゴールがない高みを目指している。だから燃え尽きることがない。この姿勢はファイターズ時代から変わっていないと感じましたね」

大きな志は変わらない大谷。一方で、今回のＷＢＣで若い頃とは変化した姿も見せていた。「ファイターズ時代は若かったこともあって自分が前に出て引っ張ることはなかったけれど、今回はリーダーシップを発揮していたことが印象深かった。プレーだけでなく、雄たけびを上げたりして気迫を前面に出し、身体全体で気を発しながらチームを引っ張っていた。その部分では変わった姿を見せてくれましたね」

ゴールがない高みを目指し、止まることなく進み続けている。白井から見た5年ぶりの大谷の姿だった。

JAPAN
16

EPISODE 033

二刀流の選手として完成した大谷

ＷＢＣの侍ジャパンで内野守備・走塁兼作戦コーチを務めた城石憲之。ＷＢＣ監督の栗山英樹、そして大谷とは共に日本ハムで戦った仲間である。城石コーチから見たＷＢＣにおける監督と大谷、二人の関係性を語った。「今大会を通じて監督は、大谷選手を何の心配もせず二刀流で起用できるようになったのかなと感じました。日ハム時代はチーム全体で大谷選手への体の負担などをいろいろ考えて動いている段階で、監督も不安なことがあったと思います。それが今回、監督は昔のように気にすることはなくなり、二刀流で起用していたように思います」

象徴的だったのが、1次ラウンドのチェコ戦。5回終了時に6点差をつけていた試合展開で、城石コーチは大谷の疲労を懸念し交代を考えた。中国との第1戦、韓国との第2戦といずれもフル出場していたからだ。「(大谷の)体のことがすごく心配だったので、点差がついた時に監督へ話を振ったら『いや、行くよ』と。代えないといったんです」そこで城石コーチが水原一平通訳を通じて疲労度を探ると、さすがの大谷も疲れているようだった。「監督にもう一度話をしたら、『次、この点差だったら代えようか』となりました。」昔なら大谷の体に気を遣ってすぐに交代させたかもしれない。そんな栗山監督が、大谷の体は二刀流でも大丈夫と完全に信頼しているのが伝わってくる。

「監督の中では、大谷選手の体に気を遣って代えることは頭にない。二刀流の選手としてほぼ完成していると考えているのだと思います。そして『二刀流への挑戦』という、二人の物語はもう完結したのかなと思いました」二人を見てきた城石コーチの言葉には説得力がある。大谷と栗山監督。日本ハム入団時から大事に育て、二刀流の完成を実現させた二人三脚。世界の舞台で歓喜の大団円を迎えた。

CHAMPIONS
JAPAN

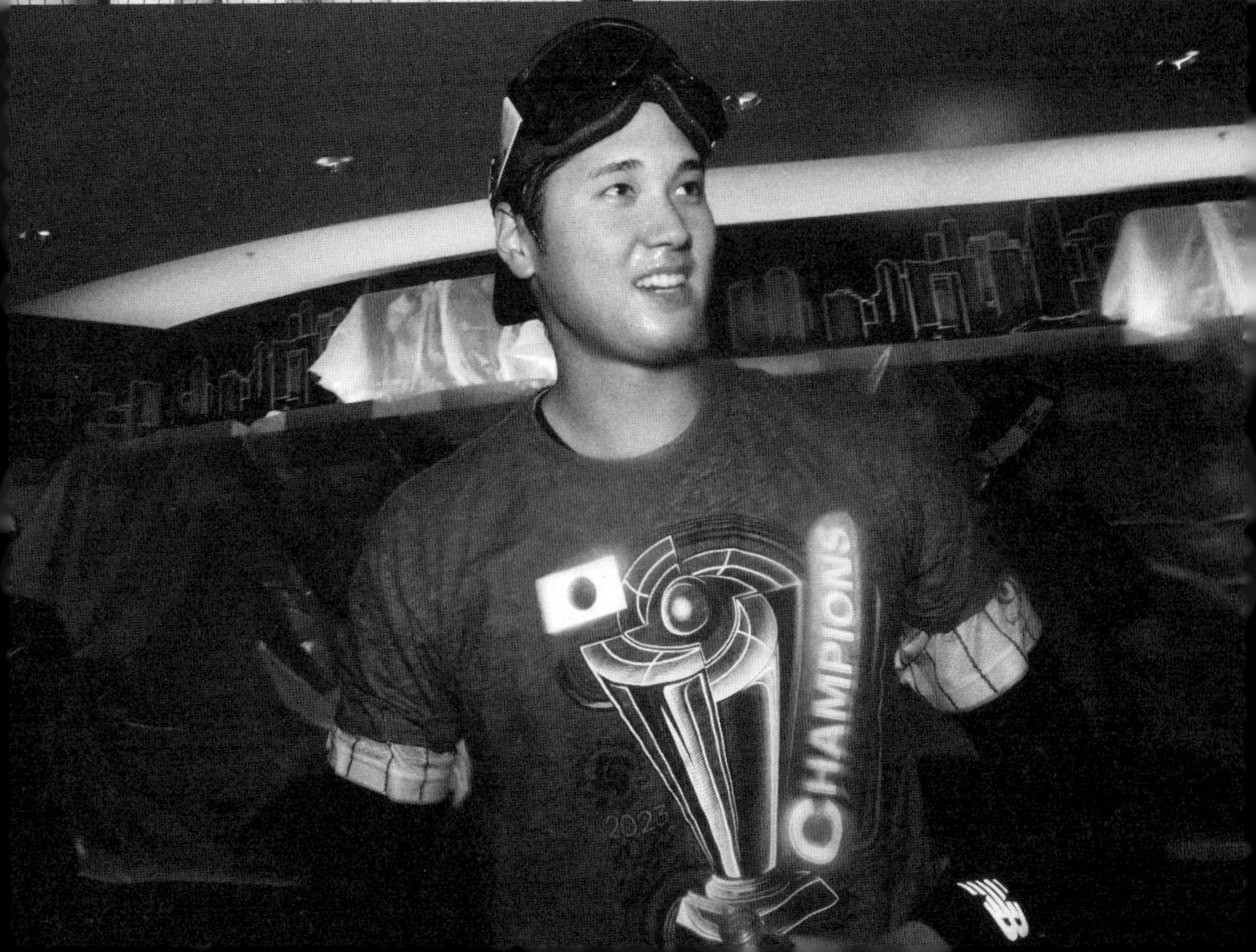
CHAMPIONS
2023

EPISODE 034

大谷翔平18歳、初めての日本代表

2012年の高校日本代表合宿で大谷と同部屋だった佐藤拓也は語る。「合宿の夜、野手のみんなで素振りをしようという話になって僕が大谷を誘った。しかし彼は『俺はいいよ』と。普通、代表で知らない選手たちと集まったら、話をしながら素振りしたくなるものですけどね。『大谷は自分のペースを持ってるんだな』とそのとき思った」

開幕戦、1次ラウンドのカナダ戦の先発大谷は4回途中3失点で降板。チームも敗れた。その後大谷の登板はなく、4番打者として出場。ヒットを飛ばしていたがホームランは出ず、コーチの大野康哉の目には物足りなく映ったようである。大野が「大谷、まだまだこんなもんじゃないだろう」とハッパをかけると、大谷は「こんなもんですよ」とサラリと返した。大野が当時を苦笑いで振り返る。「思わず、『これだけのメンバーの中で日本代表の4番を任されているんだからプライドを持てよ！』と一喝してしまいました。今思えば、あの謙虚さが決して現状に満足しない貪欲さを生んでいたのだと思いますね」優勝は消え、翌朝5位決定戦となったが、先発の大谷だけは泰然としていて、普段通りの様子でマウンドに立った。キレのある速球で好投したが打線の援護が振るわずチームは敗れた。大谷が初めて出場した国際大会は、6位という結果に終わった。

外野手の笹川晃平は10年前を改めて振り返る。「プロで活躍するだろうとは思いましたけど、まさかメジャーリーグのMVPになるとは。だけど、大谷だけは自分が将来、こうなることを分かっていたような気がするんですよね。それだけ落ち着いていたし、プライベートな話、どんな女の子が好きとか、そういう話をした記憶が悔しいくらいにありません（笑）」当時も今も大谷の野球に対する姿勢は変わっていないのだろう。

EPISODE 035

WBCにおける大谷語録

●『今出せる100%を』

「自分が今出せる100%をしっかりと試合の中で出せるというのが、チームにとっても一番大事になってくる。」侍ジャパンに合流した3月3日の取材での言葉。時差ボケを感じながらも闘志を我々に見せてくれた。

●『あしたはもっと大きい声援を！』

「相手の中国もすばらしい野球をしていて、中盤までどうなるかわからなかったので、勝つことができてすばらしいゲームだった」初戦の中国戦、先発し4回無失点。打者では2安打2打点と大活躍。それでも対戦相手への敬意を忘れなかった。観客へは「遅くまで残っていただき感謝している」「ただ、まだまだ声援が足りないので、あしたはもっと大きい声援をお願いします！」とパフォーマンスを見せた。

●『子どものころからずっと夢見ていた』

「子どものころからずっと夢見ていたし、早く打ちたいなと思っていたので、なんとか1本打てた。また次の試合で打てるように頑張りたい」3月12日にWBC初ホームランを放ったときの言葉。野球少年の大谷がそこにはいた。

●『勝利より優先する　プライドはなかった』

「リスクを回避しながらハイリターンを望める選択をして、結果的にビッグイニングを作れたのでよかった。あの場面で日本の勝利より優先する自分のプライドはなかった」3月16日の準々決勝で送りバントをしたことを取材陣に聞かれた際の言葉。大谷は自分自身よりもチームとしての勝利にこだわったのだ。

JAPAN
16

EPISODE 036

試合前のフリー打撃は相手へのメッセージも

ＷＢＣに出場し、大谷にはこれまで以上に注目が集まった。ファンだけではなく、選手たちからも。

日本に帰国、侍ジャパンに合流した大谷は3月3日、中日との強化試合では試合前のフリー打撃にのみ登場。練習終盤にグラウンドに姿を現し打撃練習を始めると、すでにほぼ満員の場内から拍手が巻き起こった。ケージ裏に選手たちが次々と集まり見学、スタンド最上段の「5階席弾」を3発放ったバッティングに驚嘆した。侍ジャパンの吉村禎章打撃コーチも「私も長年プロ野球界に関わっていますけど、ちょっと次元が違うなという感じはしましたね」と語ったほどの規格外の飛距離と日本人離れした放物線の弾道。観客も選手たちも興奮を隠せなかった。相手側の中日選手たちも、驚愕の弾道を目を輝かせて見守り、あ然とした表情とともにファン同様に拍手を送った。その反応は大谷への純粋な称賛そのものだった。

エンゼルスでは練習量をセーブするためにグラウンドでの打撃練習をすることは少なくなっていた大谷。「自分の持てるものを１００％、試合の中で出せることがチームにとって大事だと思うし、他の選手の安心材料になる。（投打の二刀流は）もちろん、それが僕のプレースタイルであるので、そのつもりでやる」

大会期間中の打撃練習にはファンサービスと、そしてもう一つの意図があったという大谷。グラウンドでのフリー打撃について「少し、相手へのメッセージを込めている」と発言している。驚異的な打撃を試合前に見せておくことで、相手チームより精神的に優位にたつ作戦。そういう意味合いもあったのだ。

試合前のフリー打撃でビビらす

マンガ● manga_kaki

EPISODE 037

韓国や欧州でも人気の大谷翔平

大谷翔平の存在は、日本、アメリカと同様に国民的スポーツとして野球人気が高い韓国や、野球文化のあまり根付いていない欧州でも話題となっている。

「ゴッドタニ(God+Tani):神タニ」とは、韓国のネットスラングのひとつで、大谷のニックネームだ。他にも「キングタニ(King+Tani)」、「お坊ちゃん」と呼ばれたりしている。GodやKingとは神、王の文字通り「頂点」を意味する。「お坊ちゃん」というのは「育ちが良くて品が良い、みんなに愛される存在」というイメージを表現した愛称だという。韓国ファンは大谷の成績だけではなく人間性にも注目している。グラウンドに落ちたゴミを拾う姿や、巨万の富を得たメジャーの成功者とは思えぬ質素な生活ぶり、謙虚で他者への配慮も行き届いている優れた人間性である大谷。いつも笑顔でファンと接する姿は韓国でもよく知られており、このようなスタイルのプロ野球選手は韓国ファンにとっては極めて稀有な存在なのだ。

オーストリアの日刊紙では大谷を紹介する際に、バスケットボールにマイケル・ジョーダン、サッカーではリオネル・メッシ、クリスチアーノ・ロナウドといったように各スポーツ界には「顔となる存在がいる」と指摘した。そして野球界におけるその存在は「ショウヘイ・オオタニだ。メジャーリーグでは100年前のベーブ・ルースの時代から現代に至るまで彼のような選手は存在しなかったのだ」と褒めたたえた。サッカー界での例えが正しいかは難しいところだが、スポーツ界での大谷の存在が計り知れないと表現したいのだろう。

多くの国で野球界を代表する存在として語られる大谷。文字通り世界のスーパースターである。

EPISDOE 038

チェコ代表との心温まる交流

ＷＢＣの舞台で輝くスーパースター大谷。羨望の眼差しで見つめる選手も多い。チェコ代表の選手たちも例外ではない。ＷＢＣでチェコ代表に帯同した日本人スタッフの田久保賢植は、1次ラウンドの日本代表戦後にチェコ代表選手5人と大谷とのエピソードを語った。

サインをもらいに行ったところ、大谷は「全然いいですよ」と快諾してくれたという。そこでチェコ代表選手のひとりが帽子のツバにサインを求めたところ、色の濃い箇所に黒いマジックではサインが書けないことに気づいた大谷は「白いペンをもらってくるので待っていてください」という神対応ぶりを見せた。さらに大谷が「チェコ代表の帽子かっこいいよね」と気さくに話しかけると、チェコ代表のコーチがその場で大谷に帽子をプレゼント。コーチの好意に大谷は、マイアミ空港の到着ゲートでチェコ帽をかぶった姿を見せるという粋な計らいでお返しした。

これにチェコ野球協会がツイッターで反応。「準決勝に出場するため、日本代表がアメリカに到着！　ショウヘイ・オオタニがさりげなくチェコ代表のキャップを被っている。なんて光栄なことでしょう！」と歓喜の様子を伝えた。

チェコ代表との交流は日本国内でも大きな話題を呼んだが、韓国のメディアも「大谷が本物の敬意を示した」と題してその様子を報道している。「日本のスーパースターである大谷は、日本がチェコに10対2で勝利した直後にインスタグラムで〝Respect（尊敬）〟と記した」と大谷の振る舞いを紹介するとともに、交流した複数のエピソードを紹介し「野球が好きなんだなというのが1番。レベルうんぬん関係なく尊敬できる」と大谷が語っていたと続けた。「空港でのさりげない行為だが、本物の敬意をチェコ代表に大谷は示したのだ」と伝えた。

EPISODE 039

野球の伝道師となる存在

栗山監督は大谷をこう評した。「翔平らしさというのは、『絶対に勝ちにいくんだ』という野球小僧になったときに素晴らしさが出る」大谷はWBCへの参戦を表明したときから、常に「勝つ」「勝つだけ」と繰り返してきた。「第1回大会からいろいろな（日本の）先輩たちが素晴らしいゲームをして、僕らがそれを見て、ここ（WBC）でやりたいなという気持ちにさせてもらったのが一番大きいこと。自分もこういう風になりたいと思って頑張ってきた。」先人たちを見て憧れを抱いてきた夢の舞台で「勝つ」。大谷は自らのプレーと姿勢で実践してきた。

準々決勝のイタリア戦では初回から雄叫びを上げながら気迫の投球を見せた。準決勝のメキシコ戦では1点を追う9回裏、初球をたたくとヘルメットを飛ばしながら二塁に到達。ベンチに向かって味方を鼓舞するように何度も両腕を振り続けた。「勝つ」ことに執着しながらも、「大谷らしさ」はみじんも失われることはなかった。WBC終了後にはエンゼルスでの開幕投手が決まっている大谷。世間では「決勝ではもう投げない」と噂された。しかし実際はまったくの逆だった。大谷は栗山監督に自ら登板を要望したのだ。投打二刀流のクライマックス、決勝戦。マイク・トラウトとの「夢の対決」を征し、日本代表は14年ぶりの優勝。「勝つ」ために「野球小僧」となり「らしさ」を貫いた大谷は大会MVPに輝いた。「今、野球を楽しんでいる次の世代の子供たちが『僕らも頑張りたい』と思ってくれたら幸せなこと。日本だけでなく、他の国の人たちにももっと野球を好きになってもらえるように。その一歩として優勝できてよかった」「野球小僧」から「野球の伝道師」に。大谷はこれからも世界中の野球ファン、野球を目指す人たちをを魅了していくだろう。

イラスト●せんえつリョウ

第3章

2021-22二刀流の完成

ベーブ・ルース以来の偉業を達成

怪我から復活の大谷
スタジアムに描くアーチ
ベーブ・ルース以来の衝撃
ついに完成の二刀流
史上初の偉業達成！

EPISODE 040

2021年、怪我からの復活と初のリアル二刀流

2020年は、大谷にとっては不本意なシーズンとなってしまった。投手としてはケガに悩まされ登板は2試合のみ。打者としても目立った活躍はできず。メジャーの舞台で投打二刀流は無理ではないか？　そんな懐疑的な声も上がるようになった。しかしエンゼルスは大谷の二刀流続行を決定。更に登板前後の日は試合に出ない「翔平ルール」を撤廃。マドン監督は「翔平が偉業を成し遂げる手助けをする」と語った。そして大谷自身も翔平ルールの撤廃は、チームが与えてくれた二刀流の「ラストチャンス」だと認識し、今まで以上の決意で2021年シーズンに臨んだ。オフのトレーニングも技術指導から栄養面まで全てを見直しての挑戦。

春、人々を最も驚かせたのはキャンプイン時に見せた大谷の筋骨隆々とした肉体だった。2019年のオフはリハビリが主で負荷の強いトレーニングができなかった。その反省を生かし、今回はトレーニングを積みしっかり筋肉を強化したのだ。その効果が出たのか、オープン戦では打ってはバックスクリーンを超えるホームラン、投げてはメジャー自己最速を更新する164キロの速球と結果を出した。

4月4日の初登板。ここが2021年の大谷の大躍進のスタートとなった。大谷は「2番・投手」でスタメン出場した。公式戦で初めての投打同時出場「リアル二刀流」である。1回裏の第1打席、大谷は初球を振り抜きライトスタンドに叩き込んだ。打った瞬間にホームランとわかる137メートルの特大アーチ。観客席からは大歓声が沸いた。投手としても4回裏、ツーアウト走者1，2塁の場面で160キロの投球を連発し空振り三振に仕留める。大谷は雄叫びを上げてガッツポーズを見せた。まさに「Sho Time」の始まりだった。

new balance
ANGELS

EPISODE 041

2021年、快進撃からオールスターと満票のMVP

二刀流で復活した開幕以降も、大谷の活躍は止まらない。5月終了時点で、打者としての成績は安打、本塁打、打率と昨年をあらゆる面で上回った。同月にはコロナ禍の観客人数制限が解除され、多くの観客が球場に訪れた。それまではエンゼル・スタジアムに大谷のユニフォームを着て応援に来るのは日本人ファンが多かった。しかしこの年からは大谷グッズを身につけて応援する日本人以外のファンが急増。アメリカのファンにも認知されたのだ。7月には投手として日米通算50勝を達成。打者としては32号本塁打を放ち、松井秀喜の日本人シーズン最多本塁打記録をあっさり更新。まだシーズン半ばでの大記録となった。投打に大活躍を見せ、前半戦の注目を一身に集めた大谷は、オールスターに史上初めて投打両方で選出。史上初の二刀流による先発出場を果たす。

前半戦でめざましい活躍を見せた大谷は、後半戦に入り他球団から最もマークされる選手となった。大谷との勝負を避けるボール球が増え、そのぶん本塁打も減ってしまう。シーズン最終戦に「1番・DH」と二刀流で出場した大谷は初回に46号の本塁打を放った。本塁打王にはあと一歩及ばなかったが、MLBでは自身初めて投打の二刀流として162試合中158試合に出場しながら怪我なくシーズンを完走。まさに歴史的シーズンとなった。

打者としては打率.257、46本塁打、100打点、OPS.965、26盗塁、投手としては9勝2敗、防御率3.18、156奪三振という好成績。アメリカン・リーグ最優秀選手(MVP)に、30人の記者全員が1位に大谷を選出。史上19人目の満票での受賞となった。大谷を選出した記者の一人はこう述べた。「大谷はユニコーンだ。他に比べられるのものはない」2021年は大谷にとって、まさに飛躍のシーズンとなった。

EPISODE 042

2021年はライト方向に本塁打が集中

ＭＬＢのボールの内部構造が変わった２０２１年は、打球の飛距離が減少し、ホームラン数も減少するだろうと予測されていた。実際に両リーグのホームラン数は６７７６本から５９４４本に減少。ＭＬＢの予測を大きく上回り、12パーセント以上の激減となったのだ。そんな中、大谷のホームランはどう変化したのか。

２０２１年、大谷の第２号ホームランは打球速度は１８５・４キロ、飛距離は１３７・５メートルの特大アーチを記録した。２０１８〜20年までの大谷のホームランの飛距離と方向を調べると、１３０メートルを超えるものは47本中11本だったが、２０２１年シーズンでは46本中19本に増える。２０１８〜20年には見られなかった１４０メートルを超えるものも４本あった。そして、打球方向にも大きな変化が見られた。

２０１８〜20年では、センターからレフト方向が多く、左方向26％、中方向40％、右方向34％と広角に及んでいた。だが、２０２１年になると左方向が13％に半減、中方向も19・6％と半減以上なのに対して右方向は67・4％と、ライト方向に占める割合が大幅に上昇した。

この変化について大谷が語っている。「流した打球は今年のボールだと飛ばないなと感じているので…今までのボールだったら流した打球が何本も届いているはずですから、もっとホームランは増えていたでしょうし、打率も上がっていたと思います。（中略）一番力が伝わる方向が今までは左中間寄りだったんですけど、今年はセンターからちょっと右くらいの方向の打球が一番力が伝えられるようになったんです」

メジャー全体のホームラン数が減少する中、大谷は進化することで更に本塁打を量産していったのだ。

OHTANI

EPISODE 043

メジャー屈指の打撃力とバレルゾーン

アメリカではここ15年ばかりで野球の見方が一気に進化している。どの球団も選手の評価やチーム編成、試合中の戦術に至るまで、経験や感覚ではなく「データ」を元に判断されるようになった。このようなデータ重視の野球観を持つアメリカでは、大谷の評価は日本以上に高いともいえる。「データ」から大谷を見てみよう。

本塁打もしくは長打が出る確率が最も高いエリアを「バレルゾーン」と呼ぶ。具体的には、過去の統計で打率5割以上かつ長打率1・500以上となる組み合わせだ。ボールの射出角度が26度から30度以内、打球速度158キロ以上で打ち出すと長打が出やすいとされている。さらに打球速度が161キロならば、射出角度は24度から33度へ広がる。この条件でボールを打ち返すことができれば、高確率で本塁打を量産できるのだ。

2021年の大谷はフェアになった打球の22・3%がバレルで、堂々のメジャー1位。ホームラン王こそ逃したものの日本人歴代最多となる46本を放ち、ア・リーグのホームラン王争いで3位に入ったこの年の大谷の活躍がデータでも裏付けられた形だ。しかし、更に22年のデータと比較してみると、大谷の進化の経緯が見えてくる。

21年に対して22年のバレルはメジャー4位の16・8%に。平均打球速度も21年の150・7キロに対して、22年は149・6キロと落ちた。しかしバレルゾーンで捕らえた打球の本数は、21年が78本、22年が72本と大きな差はなかった。本塁打量産型だった21年に対して、打率が上がり三振数が減少した確実型の22年。スプリングトレーニング期間中に取り組んだ、ボールを体に近いところまで呼び込む新しい打撃フォームの影響も大きい。データから見た打者大谷は、常に更なる変化を追い求める姿を見せている。

EPISODE 044

2022年、二桁勝利&二桁本塁打の偉業を達成

アメリカ野球史に燦然と輝くベーブ・ルース。彼が築いたもっとも偉大な記録のひとつがシーズン2桁勝利、2桁本塁打の達成という投打にまたがる大記録だ。

1918年、当時ボストン・レッドソックスに所属していたルースが記録して以来、翌年以降ルース自身が野手に転向したこともあり、実に100年以上、この記録に並ぶ選手は現れなかった。

だが2022年、この偉大な記録に並ぶ選手が現れた。史上2人目となるシーズン二桁勝利、二桁本塁打を達成したのは大谷翔平。MLBに移籍後も投打の二刀流にこだわり続けてきた。記録達成の際、大谷は「いつになるかはわからないが、自分の投球を続けていけば、最終的には手に入れられると思っていました」と語り、そして「できるだけ多くの試合でプレーすることに集中している。1試合、1試合、体調を整えて、常に健康体でプレーすることを心がけてきた」というコメントを綴った。

2022年は開幕投手を務め、最終戦まで28試合登板連続でリアル二刀流を実践。投手として15勝、防御率2.33、219奪三振。打者として打率.273、34本塁打、95打点、11盗塁。ルース以来となる二桁勝利、二桁本塁打を達成して一夜明けると、空前絶後と思われていた大記録に並んだ大谷をアメリカメディアはこぞって取り上げた。MLB公式ホームページやFOX、CNNなどのテレビ局もトップニュースとして大谷の記録達成を報じた。日本でも、アメリカ以上にその熱狂は伝えられた。むしろアメリカ国内での報道は「大谷なら、確実に達成する。何も驚くことはない」という雰囲気さえあったほどである。

EPISODE 045

2022年、究極のMVP争い

2022年のア・リーグMVP争いは熾烈を極めMLB史に残る名勝負となった。候補選手はアーロン・ジャッジ(ヤンキース)と大谷翔平。投票の結果、1位票30票のうち28票を獲得したジャッジがMVPの栄冠に輝き、大谷は惜しくも後塵を拝した。しかしこれだけで大谷の敗北と切り捨てるほど評価は容易ではない。

まずは両者のシーズン中の成績を見てみる。ジャッジは157試合に出場し、ア・リーグ記録を更新する62本塁打を達成。131打点、114四球、出塁率・452、長打率・686もリーグ1位。一方の大谷は、投げては15勝、防御率2・33はともにリーグ4位。奪三振率11・87は堂々のリーグ1位だ。昨年ほどではないが同じくリーグ4位の34本塁打をマークした。極めつけは規定打席&規定投球回の「W規定クリア」だ。一部のファンが「ジャッジの本塁打記録を追い抜く選手は遠くない未来に現れるだろう。だが投打で一定以上の記録を持ち、故障耐性も必要なW規定をクリアしてかつこれだけの成績を収める選手は、大谷以外、未来永劫現れないかもしれない」と主張するのも納得の偉業だ。

ジャッジを後押ししたのは記録だけではなく「記憶」、つまり彼の偉大な「ストーリー性」だ。2022年から公式球の内部構造が変更されたことでMLB全体でのホームランが激減するなか、ジャッジはひとり快進撃を続け本塁打数を積み上げていった。その突出度が評価されたのかもしれない。なにより、ヤンキースが地区優勝を果たしたのに対して、エンゼルスは前半戦を終える前に事実上の終戦と呼べる戦績であった。熾烈を極めたMVP争いの決着をつけた最終的な要因として、所属チームの成績の差が明暗を分けたと言えるだろう。

ANGELS
17

EPISODE 046

2022年、史上初の規定投球回&規定打席Wクリア

2022年10月6日、大谷はアスレチックス戦に先発し、規定投球回(162回)に到達。8月にはすでに規定打席(502打席)に到達していたため、1900年以降の近代野球では史上初、規定投球回と規定打席をダブルクリア。同年8月10日に大谷は、1918年のベーブ・ルース以来104年ぶりとなる2桁勝利・2桁本塁打を達成したが、それを凌ぐともいわれる快挙を成し遂げた。規定打席、規定投球回数とは、打席数、投球回数が異なる選手の「率の数字=打率、出塁率、防御率など」を比較し、ランキングするための基準となる数字だ。首位打者、最優秀防御率などのタイトルは、原則として規定打席、規定投球回数をクリアした選手が対象となる。

規定打席到達だけなら大谷は昨年もクリアしている。しかし規定投球回と規定打席のダブルクリアは、投打の「二刀流」でケガや故障なくシーズンを通してフル稼働しなければ到達できない。大谷をもってしてもこれが最初で最後となる可能性すらある困難な記録だ。徹底した食事管理や睡眠時間の確保など健康体の維持が、この偉大な記録に導いた。欠場は昨季の4試合に続き、わずか5試合だった。同じく二刀流で活躍したベーブ・ルースでさえも、この記録を成し遂げてはいない。現在の「規定」の考え方は1950年代に定められたが、現在の基準に従えばルースは同時達成はしていない。ルースが2桁勝利・2桁本塁打を記録した1918年は、試合数(126)以上の166回3分の1を投げたが、打席数が「試合数×3・1」にわずかに足りなかった。ベーブ・ルースの孫であるトム・スティーブンスは「ルースが生きていれば、間違いなく翔平の活躍を喜び、記録達成を応援していたと思う。これからも大谷翔平のキャリアにたくさんの幸運が訪れることを祈っています」と賛辞を送った。

EPISODE 047

MLBのルールを変えた大谷

二刀流による大谷の活躍により、MLBに新たなルールが作られた。ナ・リーグにも指名打者制度が導入され両リーグでのDH採用が実現。「ユニバーサル指名打者（DH）制」と呼ばれるこの制度は、「先発投手と指名打者の兼任」が可能となり、「先発兼指名打者」でスタメン出場した選手が投手降板後も指名打者で出場できるようになった。大谷が投打の二刀流で活躍していることから導入された、通称「大谷ルール」である。

今までナ・リーグのチームと相手の本拠地で対戦するときにはDHが使えなかったが、この制度の導入により大谷の打席数が増え、打撃のタイトル争いなどに有利に働くかもしれない。さらには大谷獲得を目指す球団がナ・リーグにも増え、獲得競争の激化が予想される。

そして、大谷の登場によりもう一つルール改正が行われた。2019年に導入された「TWO WAY枠」の新設だ。TWO WAYとは二刀流のこと。MLB選手は投手か野手かを登録し、シーズン中は変更が不可能となるが「TWO WAY枠」の選手はこの範疇にない。投手としてメジャーで20イニング以上、野手として20試合以上先発出場（1試合3打席以上）をクリアすれば、「TWO WAY枠」として認定され、以降の試合では投手、野手どちらのポジションでも出場が可能となる。この枠を効果的に利用できれば、13人に限られている投手を14人起用することが可能となる。

「ユニバーサルDH」も「TWO WAY枠」も、大谷がMLBでプレーをし活躍していなければ導入されていない新ルールと言える。大谷の存在がMLBに与えた影響の大きさが伺える。

ANGELS
17

EPISODE 048

ＭＬＢ史上初の記録を連発

多くの「ＭＬＢ史上初」の記録を成し遂げてきた大谷。ＭＬＢ４年目の２０２１年は、二刀流本格覚醒の年となった。まずは投打二刀流の真価を証明する投手2部門、打者3部門、計5部門での「クインティプル１００」を達成。ベーブ・ルースは１９１９年に打者４部門、投手１部門で「１００」の大台を達成したが、投打とも複数部門での「１００」の大台到達は、ルースでもできなかった偉業だ。更に「10登板以上＆３０本塁打」もルースを上回る記録。そして「オールスターで投打両部門に選出」「１番・ＤＨとして投打同時出場」も史上初であった。

２０２２年のＭＬＢ史上初の記録は、６月に「８打点翌日に２桁奪三振」、８月に「シーズン２桁勝利＆２桁本塁打＆２桁盗塁」を記録。後者は走力も兼ね備える大谷ならではの記録だ。９月には「シーズン15勝＆３０本塁打」「シーズン２００奪三振＆３０本塁打」、安打数、投球数、奪三振数が１５０到達の「トリプル１５０」を記録。投打19部門でチームトップという「チーム19冠」、打撃・走塁・守備・投球を総合的に評価して選手の貢献度を表す指標「ＷＡＲで２年連続２・０以上」も獲得した。ここまで挙げた記録は全て「ＭＬＢ史上初」。他にもリーグ記録、球団記録などを毎月のように更新し続けた、史上初尽くしの年であった。

２０２３年、大谷が達成できる可能性がある「ＭＬＢ史上初」は、「２年連続２桁勝利＆２桁本塁打」などである。投手最大の栄誉だが、いまだ二刀流選手が達成したことのない「完全試合」「ノーヒットノーラン」も、投手として最盛期を迎えつつある大谷なら成し遂げる可能性は十分ある。果たして今年はどんな「史上初」を見せてくれるだろうか。

EPISODE 049

エンゼルスだから完成した二刀流

今や投打二刀流の完成の境地にある大谷翔平。しかしもしエンゼルス以外の…例えば名門球団であるヤンキースやレッドソックスに入団していたらここまで二刀流として開花したかは疑問である。怪我を理由に二刀流を早々に諦めさせられ投打のどちらかに専念することになったかもしれない。おそらくベーブ・ルースを超える史上最強の二刀流にはなっていなかっただろう。

大谷が入団した頃のエンゼルスは、毎年負け越し、GMや監督がコロコロ入れ替わる弱いチームだった。大谷が入団した2018年にエンゼルスの監督を務めていたマイク・ソーシア。彼は大谷入団直後のインタビューで「私は高齢だけど、このゲームでは常に成長しないといけない。今回は特別な能力を持つ二刀流と創造性を発揮する格好の機会だと思っている」と大谷の二刀流挑戦に意欲的だった。

2020年に監督に就任したのはジョー・マドン。この年の大谷は2試合で投げたが防御率37・80。打率も・190。多くの現地メディアが「これで二刀流実験は終わった」と決めつけたが、マドン監督は2021年も二刀流を継続。それどころか登板前後の日は試合に出ない「翔平ルール」を撤廃。「史上最も偉大なシーズンを送らせたい」と背中を押した。大谷も期待に応えた。メジャー移籍以降ケガに苦しんできたが、2020年のオフにみっちりトレーニングを積み復活。2021年には二刀流で大活躍することとなった。

エンゼルスという球団が二刀流に挑戦しやすい環境だったことと二刀流に理解のある歴代監督たちに出会えたことで今の大谷がある。大谷はエンゼルスだからこそ、偉大な二刀流になれたのだろう。

もしもベーブ・ルースが現代にタイムスリップしたら…
バチ
バチ
バチ
マンガ●タナカアツシ
シュゥゥ…

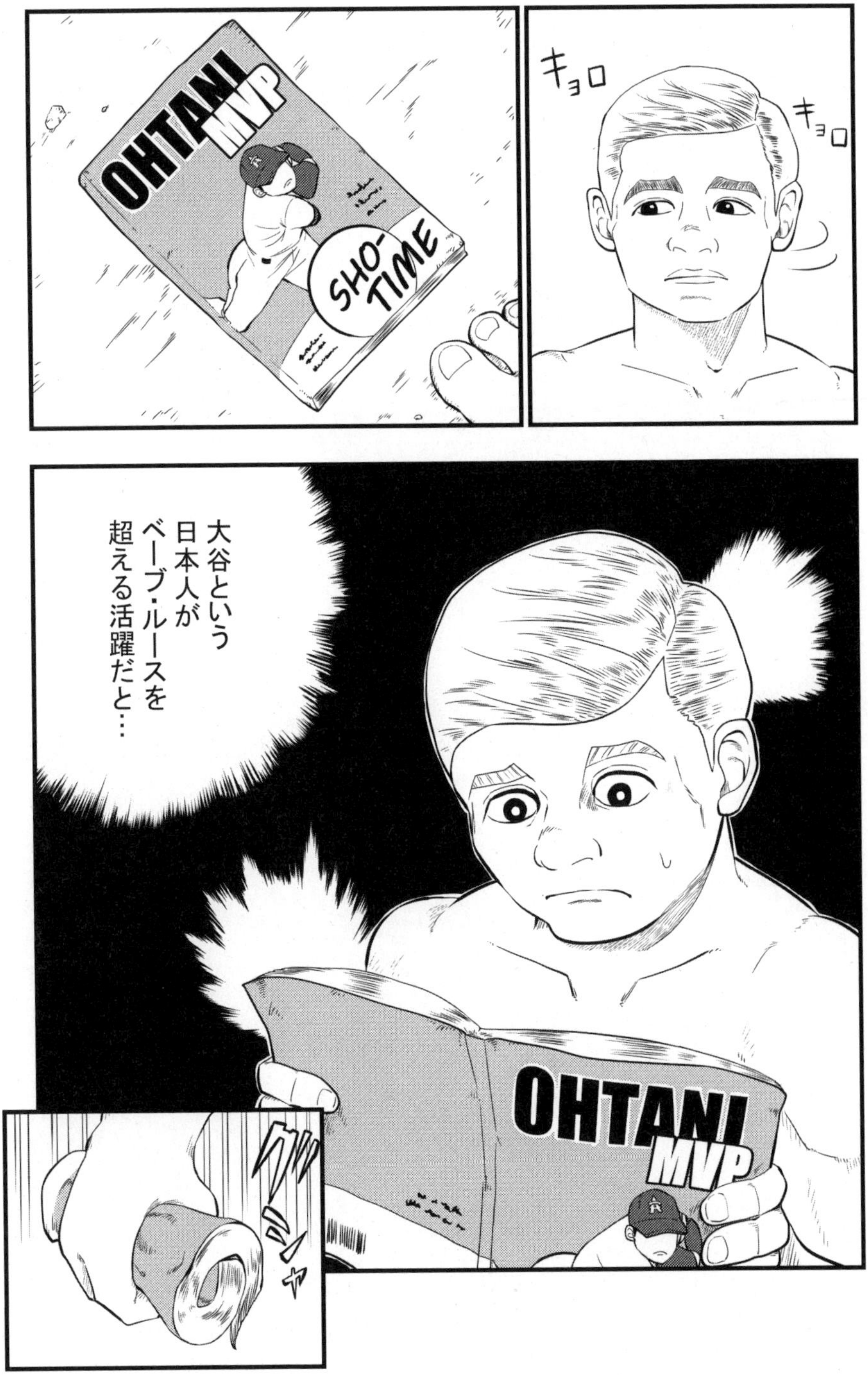
キョロ
キョロ
OHTANI MVP
SHO-TIME
大谷という日本人がベーブ・ルースを超える活躍だと…
OHTANI MVP
グシャ

202X年
ベーブ・ルース
ヤンキース電撃入団
そして…
オータニ
どちらが上か
勝負だ！
ついに
二刀流世界一を決める日がやってきた！
光栄です、ルースさん
手加減しませんよ！

EPISODE 050

ベーブ・ルースとの尽きない比較

大谷の二刀流について常に比較されるのが、100年以上前に投打二刀流で活躍したベーブ・ルースだ。2021年の大谷の記録と、ルースが2桁勝利2桁本塁打を成し遂げた1918年の成績を比較してみよう。時代もルールも大きく異なる二人の成績を単純に比較することはできない。そこで時代の離れた二人を比較する打撃力の指標としてwRC＋を用いてみよう。これは打席当たりの得点創出の多さを「リーグで平均的な打者は100」とした場合、何パーセント得点を多く（少なく）創出しているかを示す。このwRC＋で1918年のルースはメジャー1位の189。同年の平均打者より89％も多くの得点を生み出した。一方2021年の大谷のwRC＋は、メジャー5位の152。同じような計算式で防御力に対してもERA＋という指標がある。1918年のルースのERA＋は122。その年の平均投手よりも防御力が22％優れている。2021年の大谷は141だった。この2つの年に限っていえば、打者で言えばルースが上で、投手としては大谷が上と言える。

ルースの二刀流は約2年間の短命で終わったが、その後打者に専念してからも球史に残る成績を残した。1919年は投手を続けながら29本の本塁打、1920年にはなんと54本塁打を記録。ルースの通算714本塁打は、1974年のハンク・アーロンに抜かれるまで1位だった。通算wRC＋は197で歴代1位。

これらの指標で測った場合、やはりルースの打撃力は際立っている。他方、大谷は未だ投手も続けている点にアドバンテージがある。大谷が総合的にルースを超えたと言われるためには、ルースが1回しか達成できなかった2桁勝利2桁本塁打を何回達成できるかではないだろうか。

EPISODE 051

なおエとは？

大谷翔平がMLBに移籍してから5年。大谷がエンゼルスに移籍する以前の2015年から2022年までの8年間において、エンゼルスはプレーオフ進出を逃し続けてきた。そんな弱小球団エンゼルスを揶揄して生まれたのが「なおエ」というネットスラングだ。

大谷が投打二刀流でどれだけ活躍しても負けてしまうエンゼルス。スポーツ報道風に言うと「大谷選手は今日もリアル二刀流で大活躍しました。なお、エンゼルスは敗れました」つまり「なおエ」とは「なお、エンゼルスは敗れた」という文章を省略したもの。日本の大谷ファンの嘆き節を端的に表現したスラングなのだ。

アメリカ国内でも「Tungsten Arm O'Dyle（タングステン・アーム・オドイル）」という、日本の「なおエ」に相当するスラングが存在している。大谷やトラウトをはじめとする優秀な選手が弱小球団で飼い殺しにされている現状を「アナハイム刑務所（Angels Prison）」と揶揄する声もある。優秀な選手が孤軍奮闘してもその活躍にチームが応えられない状況を嘆いているのは日米共通と言えるのだ。

ちなみに、逆に大谷やトラウトが結果を全く残せなくても、味方が活躍してエンゼルスが勝利する現象を「逆なおエ」とも呼ばれる。

大谷入団以降、投打において目覚ましい活躍をしてもチーム勝率は5割に満たない。この戦績に一番悔しい思いをしているのは大谷自身に違いないだろう。

なお工兼続

マンガ● manga_kaki

[ドカベンの大谷]
イラスト●もも屋さん

第4章
フィジカルと技術の進化
常に変化し続ける秘密

驚愕の打球速度
魔球・スイーパー
常に進化し続ける二刀流
大谷にしかできない
唯一無二の超絶プレー！

EPISODE 052

打球速度が異次元クラス

２０２３年６月30日「２番・ＤＨ」で出場したダイヤモンドバックス戦で、大谷は推定飛距離１５０メートルという超特大ホームランを放った。飛距離は自己最長である。飛距離もすごいがさらに驚くべきはその打球速度、なんと１８５・２㎞／ｈを計測している。日本プロ野球の超一流の長距離バッターでも１７０キロに届けば凄い打球と言われているが、それよりもはるかに速い１８５キロ。飛距離も合わせて化物級である。昨年６月25日のマリナーズ戦での本塁打も打球速度は約１９０㎞／ｈ、飛距離は約１４１メートルを記録。大リーグ公式サイトは「To the moon!（月へ！）」の見出しで報じた。大谷の驚異的な打球速度の向上は、打撃の進化と重なっている。渡米１年目の２０１８年は最速１８３ｋｍ／ｈだったが、下半身の筋力強化でパワーが増した２０２１年には１９１キロまで向上。この年は46本塁打、１００打点を挙げたベストシーズンとなった。そして２０２２年は４月10日の二塁打で１９１・７キロを計測し、自己最速を更新。これはア・リーグ新記録の62本塁打を放ったアーロン・ジャッジを超えて、両リーグを通じて３位に入っている。弾道の強烈さはメジャー屈指だ。

高校時代から将来を見据えて体作りに励んできた大谷。今やメジャートップレベルの打球速度を生み出すスイングの鋭いバッターとなった。日本ハム時代から大谷の打撃動作を解析している筑波大の川村卓准教授は「（崩されても）ちゃんと拾って本塁打になっているケースもある」と、打撃の対応力が増していると指摘する。２０２３年はさらなる筋力強化で、ますますキレとパワーに磨きをかけている大谷。ホームラン量産体制に入り、どこまで記録を伸ばしていくのか楽しみである。

EPISODE 053

イチローのスイングを再現

イチローの素振りといえばタテ軌道でバットを振り出し、下かしゃくり上げるようにフォロースルーを大きく取る。バッターボックスに入る前に見られた光景だ。これはバッティングの基本を誇張して行っているもので、イチローが小学生や中学生や高校生に『バッティングの基本はこうだよ』と見せているのかもしれない。大谷が低めの球をとらえてライトスタンドに放り込むとき、イチローの素振りに似ているのではと感じた人もいるだろう。

イチローと大谷はスイングが非常に似ており、大谷をパワーのあるイチローと評する専門家もいる。よどみのない、シンプルに最適化されたスイングは確かに共通しているように見える。パワフルなスイングでホームランを量産する大谷。無意識にイチローのスイングを再現しているのかもしれない。

また大谷とイチローにはこんなエピソードがある。

2018年、メジャーに移籍した大谷が初めてのMLBのシーズン開幕を迎える直前、イチローに相談したという。大谷は人に相談するのが好きではなく、普段はコーチと話したりもしないという。しかしオープン戦で防御率27.00、打率.125と投打とも結果を残せず悩む大谷はバット1本を持ってイチロー宅を訪問。技術的な話のみならず、自分の才能や今までやってきたこと、持っているポテンシャルをもっと信じた方がいいとアドバイスされたという。大谷自身、自分がほしかった言葉であり、変わるきっかけになったと語る。1時間くらい話をして、最後はユンケルをもらって帰ったらしい。

17

RALEIGH

EPISODE 054

力と力の戦いを象徴するプレーヤー

今回のWBC世界一達成の最大の原動力となった大谷。大谷をはじめとした侍ジャパンの選手たちは、世界のパワーに負けない力強さを見せてくれた。それは画期的なことだった。何より栗山ジャパンの画期的なところはパワーピッチャーや強打者を揃え、MLB級の対戦相手に力と力の戦いを挑み、勝ったこと。かつての世代は消える魔球でも投げないと大リーグに通用しないと思っていた。あるいは過去のWBCの成功体験のように、非力な日本人の長所を生かし「スモール・ベースボール」で行くしかないと。

スモールベースボール。豪快な打撃や剛速球ではなく、足や小技を駆使して得点する、日本らしい戦い方だ。かつてアメリカの野球界はマッチョなホームランバッターや、剛速球でバッターをねじ伏せる投手がヒーローだった。そんな時代に瞬足を生かした盗塁やコツコツ量産するヒット、秀でた守備力などで活躍したのがイチローだった。イチローの活躍は目覚しかったが、その活躍のあまり日本人は心のどこかで「日本人が大リーグに勝つにはスモール・ベースボールしかない」という思い込みに囚われていたのかもしれない。そんな思い込みを打ち破ったのが今回のWBCと、そして大谷だったのだ。

「力と力の戦い」を象徴するプレーヤーが他ならぬ大谷翔平だ。投げては160キロ超のフォーシーム、打っては特大ホームラン。かつてイチローが示したように技術で負けないだけじゃない。パワーでも負けない新世代の日本人プレーヤーなのだ。WBCを第1回から見続けてきた野球ファンにとって、日本チームが大リーグを「力と力の戦い」でねじ伏せたことは衝撃的な出来事だった。日本野球界の一大転機、そんな予感さえ抱かせる。

神とオオタニくん
花小金井正幸
オオタニくん 徳も積んでるし いいヤツだから ひいきしちゃおっ
野球神!!
のわっ オオタニくん!!
ひいきとか やめて下さい 正々堂々 自分の力を ためしたいんで
キリッ
ドキューン
オオタニく〜〜ん
ますます 好きになっちゃう〜〜ん

マンガ●花小金井正幸

EPISODE 055

データから見る打撃の進化

2021年から23年の3年間の大谷の全打席データを解析してみると3つの進化が見てとれる。2021年はMVPを獲得した年だが、現在はさらに進化したと専門家は語る。

まずは外角の打率が上昇。3年間のコース別打率を見てみると、大谷は元々内角は得意にしていたものの、外角の打率は2割5分にも至らなかったことがわかる。しかし2023年からは内角の打率は維持しながら、外角の打率が約1割上がっている。また、これまではシングルヒットばかりだったが、長打も増えてきた。さらに少々のボール球でも積極的に打っていき、ヒットに繋がっている。ボール球の打率が・164から・230にアップ。所謂〝悪球〟でも仕留めているのだ。バットを1インチ(2・54センチ)長くしたことも好結果に影響していそうだ。

また、2023年は逆方向への打球に顕著な進化が見られた。逆方向へのゴロが8・9%に対し、フライ・ライナーは91・1%。つまり逆方向へ長打になりやすい打球が増えていることを示している。6月14日のレンジャーズ戦で、スミスから放った一発は特にその進化を感じられるものだった。138・1メートルの特大弾。通常、打球は引っ張ったほうが飛ぶものである。右打者が引っ張ったとしても140メートル級はなかなか打てないが、これを流して打てるのが進化した大谷なのだ。本塁打数だけでなく、打率部門でもトップ争いをしている今季。三振の割合が、2021年は29・6%、2022年は24・2%、2023年はここまで21・5%と良化傾向にある。驚きなのは今季はファーストストライクを打ちにいった時の打率が約5割。強打者として進化を続ける大谷。今後のさらなる飛躍に期待せざるを得ない。

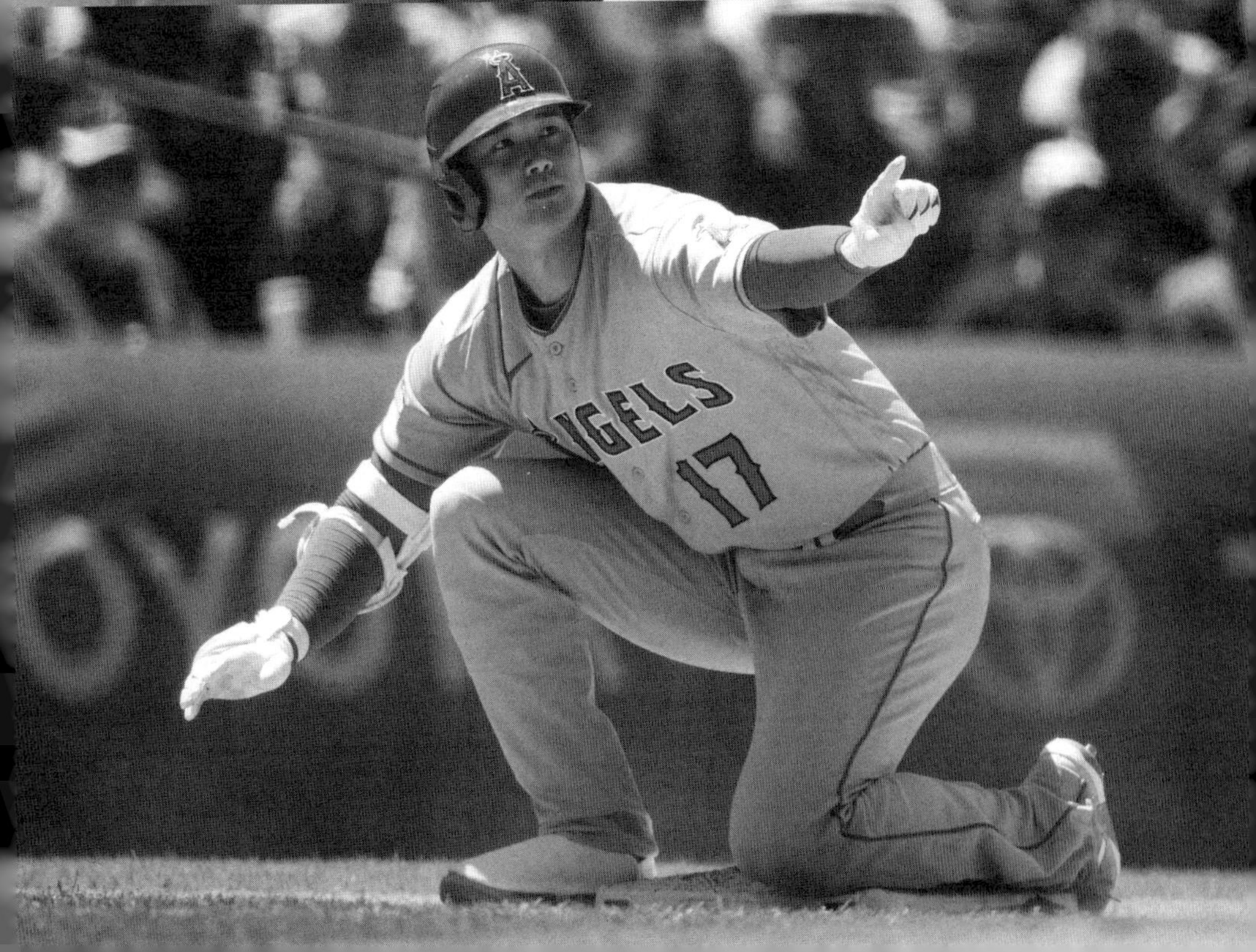

EPISODE 056

数字だけではわからない境地

大谷にとって「成長」とは何か?それはただ前年の数字を上回ることではない。与えられた環境の中で最善を尽くし、上手く出来たという実感を味わいたい。それが大谷にとっての成長だ。

2021年、大谷は46本のホームランを打った。うち前半戦で33本、後半戦で13本。数字だけ見れば前半戦に比べ後半戦は激減している。後半戦は不調だったのか?しかし大谷の中での手応えは真逆だった。「シーズンの前半と後半とでは、ホームランの内容がずいぶん違ったと思います。後半の方が数字は残らなかったんですけど、バッティングとしては洗練されてきているところがあったので」「やっぱり後半は厳しいところを突いてこられた中でのホームランでしたからね。そこを見極めながら甘く入ってきたボールをしっかりホームランにできていた。前半は甘い球があったと思いますし、その甘い球の打ち損じもそこそこ多かったんです。その中であれだけホームランがあったのは、つまりどれだけ甘い球が多かったかということですよね。でも後半に関してはほぼほぼ甘い球がない中で、それでも集中して打席に立って、フォアボールも選んで、なおかつ甘い球が来た時には打つ準備をしなきゃならなかった。そこで打ったホームランは前半で打ったのとはまるっきり違うものだったと思います」

相手に警戒された後半は甘い球が少なく、13本とはいえ仕留めた確率は前半よりも高かった。これが大谷の実感だった。それは数字だけを見ていてはわからない境地である。今年の大谷を、前年の数字と比べて多いか少ないかだけで見ていては真価を見誤る。WBCがあり、ピッチクロックがあり、シフトが禁止され、ベースが大きくなった2023年。数字の比較だけではなく、大谷がそんなアプローチをしてどう成長するのか。期待しかない。

EPISODE 057

大谷にしか出来ない記録「クインティプル10」

大谷翔平が二刀流だからこそ達成できる記録がある。それはMLB史上初となる、2桁勝利&二桁二塁打、二桁三塁打、二桁ホームラン、二桁盗塁の投打混合5部門での二桁記録「クリンティプル10」だ。

2022年、大谷の投打の記録は15勝、30二塁打、6三塁打、ホームラン34本、11盗塁を達成している。つまり2022年シーズンの段階であと4本の三塁打を打っていれば、クインティプル10をMLB史上初めて達成していたことになる。これはMLB史上初めて二桁勝利&二桁ホームランを達成したベーブ・ルース、ニグロリーグで二桁勝利、二桁ホームランを達成したブレット・ローガン、エド・ライルすら成し遂げられなかった偉業だ。

ただし達成できなかったことが物語っているように、この大記録は困難を極める。理由はもちろん二桁三塁打だ。近年のゲームでは、ホームランが増える一方で三塁打が減少傾向にあるのだが、この理由は球場の変化だ。昔の球場であれば三塁打になった打球が、現在の外野が狭い球場の場合、ホームランか二塁打になることが多い。近年でいえば2020年以降は10本以上の三塁打を打つ選手はひとりもいない。

だが、もちろん大谷がこの大記録に挑戦して達成できる可能性は高い。大谷は打者として抜群のパワーとスピードを持ち、MLBで超一流の基準とされる平均秒速9.1mを記録している。このスピードであれば本来二塁打でなるヒットを三塁打にすることが可能だ。さらにはレフト方向の打球でも俊足で三塁打にすることもできる。これだけの実力を兼ね備えた大谷であれば、投打混合5部門、前人未到のクインティプル10を達成することにも期待したい。

EPISODE 058

ホームラン打者なのに驚きの俊足

2021年6月、アメリカの野球データ分析会社・Codifyが「2021年以来の平均一塁到達スピードが速いホームラン打者トップ10」を公開した。大谷は4・16秒で第1位に。ライリー(2位)の4・51秒や、ホームラン王を争うヤンキース・ジャッジ(9位)の4・74秒と軒並み4・5秒以上かかっているなか、大谷だけが圧倒的に速いスピードを記録。大谷は左打ちのためホームから一塁に近いという有利な点があるが、それでも特にホームラン打者はパワーを重視しフルスイングをする傾向があるので、大谷の走力の速度は更に際立っている。

大谷の俊足ぶりは、2023年6月28日のホワイトソックス戦でも発揮された。9回、6点ビハインドの場面で打席に立つと、3球目を打ったゴロは一、二塁間へ。二塁手が捕球し一塁へ送球したが、大谷はすでに一塁を駆け抜け余裕のタイミングでセーフに。観客が立ち上がって大谷に拍手を送るほどの俊足ぶりはまさに速すぎる内野安打だった。この試合を現地メディアは「Sho Fast Single」とツイート。「So fast(=非常に速い)」と翔平の名前をかけて「(大谷の)非常に速い単打」と驚きの速さを表現した。

大谷は今シーズン(6月26日現在)で三塁打を4、盗塁を11記録している。無条件にベースを一周できるホームランよりも、相手野手が返球するまでに三塁を踏まなければいけないため、ホームランより難しいといわれる三塁打をこれだけ記録しているのも脅威的だ。

盗塁においても大谷の「足」に注目が集まる。日本人の通算最多盗塁はイチローの509、2位は松井稼頭央の102、大谷は通算75盗塁で現在4位。様々な場面で大谷の俊足が活躍しそうである。

ANGELS
17

EPISODE 059

大谷の優れた盗塁術

大谷が評価されている技術の一つ、それが盗塁術だ。2021年シーズンにおいて、大谷は打者走者としての一塁到達平均タイムはメジャーリーグ全体で4位の4・09秒。ホームラン打者としては驚異的な速さである。NHKBS1の番組「ワースポ×MLB」のなかで大谷の走る速度は時速32キロと紹介されていた。メジャーの平均は29・5キロで、比較するとかなり速いことがわかる。

だが、大谷は単に足が速いだけではない。俊足を更に活かしているのはスライディングの技術力の高さだ。2021年シーズン、大谷は走りまくっている。たとえば7月2日のオリオールズ戦では29、30号と2本の本塁打を連発しただけでなく、9回裏、ジャレッド・ウォルシュのライト前ヒットで2塁から生還。8月31日のヤンキース戦では5回裏、2死1・3塁の場面で1塁走者が二盗を企図したが、キャッチャーが2塁に送球したのを見計らって3塁走者の大谷がスタート、間一髪で生還した。その際、際立ったのはスライディングの上手さだ。

走者・大谷のリードはきわめて小さい。俊足で盗塁の名手であるイチローもリードは小さく、かつてテレビ番組でリードが大きいと牽制が気になってスタートが切りづらかったと語っている。リードの小ささを芸術的なスライディング技術で補っている。大谷のスライディングはほぼ飛んでいる。二塁の塁審が立っている近くからおおよそ3メートルくらい飛ぶようにスライディングする。長身だけにど迫力だ。また大谷は盗塁について次のように語っている。「フォアボールもツーベースになると思わせればピッチャーも勝負しようとするかもしれません」

相手バッテリーの四球攻めに対する非常に攻撃的な対策といえるだろう。

EPISODE 060

どんな環境にもアジャストする能力

2022年、大谷が翌年のWBCへの参加を決断したとき、周囲からはメジャーでの活躍に支障が出るのではとの不安が囁かれた。2022年はベーブ・ルース以来104年ぶりのシーズン2ケタ勝利&2ケタ本塁打をはじめ数多くの記録を成し遂げた大谷。メジャー開幕前にWBCに出場し、気力体力を消耗した状態で昨年のような活躍ができるのかと。しかし、大谷はあえてその困難に挑戦する道を選んだ。

大谷はメジャー1年目にこう語っている「変な話、そこに転がっている石ころを投げてくれと言われても、できるようにしないといけないと思っているんです。そこまでしっかりできるくらい、繊細じゃなく、気にしないくらいじゃないといけないのかなと」メジャー1年目のトレーニングでは、乾燥しているアリゾナで滑るボールに四苦八苦し、フォークが思うように投げられなかった。そんな中、大谷は腹をくくった。滑るボールだろうが石ころだろうが、投げて抑えられなければ先はない。どんなに難しい環境だろうと、アジャストして結果をもたらすことが大谷のストロングポイントなのだ。思えば大谷がプロ入りした直後も、二刀流では投打いずれも中途半端になると言われたり、メジャーに移籍してからも、二刀流では先発ローテーションに定着するのは無理など、大谷のやり方を不安視する声は常に囁かれてきた。しかし大谷はその全てを覆してきた。WBCに出場しようが、投手間隔の時間を制限するピッチクロックが導入されようが「石ころでも投げる」と腹をくくった大谷にとってみれば、どんな環境にもアジャストしていくだけなのだ。数々の困難に遭遇しながらも、その度に適応し乗り越えてきた大谷。その経験は今後も生かされていくだろう。

EPISODE 061

魔球・スイーパーとは

大谷の投手としての活躍を語る際に欠かせないもの、それがアメリカメディアでは魔球とも評されている「スイーパー」だ。スイーパーは横に大きく曲がるスライダーのことであり、球種自体は昔から存在するが、大谷はこの球を巧みに投げることで好成績を収めている。WBC決勝戦でマイク・トラウトから三振を奪い、優勝を決めたのもこのスイーパーだ。実は今、大谷が最も頼っている球種がスイーパーで、その投球割合は49・0％と投球の約半分にあたる。大谷のスイーパーの特徴は、平均以上の球速を持ちながらも打者の近くで急激に大きく曲がることにある。打者の近くで曲がるほど打者は対応しづらくなる。大谷のスイーパーの平均球速は約134・2キロとメジャー平均を上回る。更にスイーパーの横変化量は約44・5センチにもなる。ホームベースの幅43センチを上回るほどの驚愕の変化量なのだ。

メジャーリーグ公式サイトは、大谷のスイーパーを「MLBで最も価値ある球の1つ」と評価している。データによれば、2022年の開幕以降、大谷のスイーパーは29点の失点を防いでおり、これはMLBで2位の成績だ。

スイーパーの威力を最大限に引き出すためには、正確な制球力と変化するタイミングの把握が必要だ。大谷は投手としての経験を積み重ねる中でスイーパーのコントロールにも磨きをかけてきた。その結果、球速や変化量だけでなく、制球精度も向上し、より一層の効果を発揮するようになった。また、大谷はスイーパーを他の球種と組み合わせる配球術にも長けている。スイーパーを投げることで打者の目を引き、それに続く速球や変化球をより効果的に使い打ちとるのだ。今後も大谷はスキルを磨き、魔球をさらに進化させて打者を圧倒し続けるだろう。

EPISODE 062

ピッチャーとしての察知能力が高い

ピッチャー大谷の強みとは何か。それはマウンドでの察知能力にあるという。投手としての大谷は、最速163キロを投げるパワーピッチャー。しかし、近年注目されるのは変化球・スイーパーだ。打者の手元で50センチ以上も大きく曲がる「魔球」と恐れられている。大谷のスイーパーの凄さは、より打者の手元で曲がることだという。投手と打者との距離を3分割し、打者の手元から3分の1の距離を『ピッチトンネル』というが、そこで曲がる変化球が理想的なのだという。ピッチトンネルまでの軌道が直球と同じであれば、打者の手元で変化するため対応が難しくなる。早い段階で曲がれば見極められるが、ピッチトンネルを通って変化するように調整しているはず。だから、打者は思いもかけず、とんでもないスイングをしてしまう。

また大谷は「アジャスト」能力が優れていて本番に強い。MLB初年の2018年、オープン戦ではパッとしない成績だったが、開幕戦では初打席の初球を初安打。初登板では6回3失点で初白星を挙げ、その2日後には初本塁打を放った。

さらに大谷は、マウンドでの「察知能力」にも秀でている。かつてはマウンド上で三振を狙っていた大谷が、昨季から打たせてとる投球に変化したのだ。3球投げなければアウトを奪えない三振よりも、1球でも少ない球数でアウトにする。球数が減ることはたくさんのメリットがある。また打者がスイーパー狙いだとわかれば、球種の割合を変える。これをマウンドで感知できるのも強みである。魔球・スイーパー、本番での強さ、そして察知能力。この3つが投手・大谷の凄さと言えるだろう。

EPISODE 063

二刀流のコンディション作りの難しさ

通算541本の本塁打記録を持つデビット・オルティスは野手の基本的なルーティンを次のように語る。「最初にフィールドで調整した後に、トレーナー室でケアをして、ジム、打撃ゲージ、最後にフィールド練習、これにプラスして対戦カードごとにミーティングがある。野手と投手は別の部屋でやるんだ。それを考えたら大谷はマジでありえない。（中略）本当にミッション・インポッシブルの世界だよ」サイ・ヤング賞を3回受賞し、2021年までに通算190勝を挙げたマックス・シャーザーも大谷のコンディション作りを称賛する。「投手を務めるために求められる肉体的な水準は控えめに言ってもかなり厳しいものだ。その負担をこなしたうえで、あれだけ打つなんて本当に信じられない」二刀流がどれだけ困難なものかはこれらメジャーの超一流選手のコメントからも明らかだが、当の大谷からはその大変さはいまいち伝わってこない。二刀流のフル稼働を可能にするのは何かと問われると「体調じゃないですかね」とあっさり答える。2019年に左膝を手術したあとの状態を「いま、一番いい」と言い、その後の初登板の試合では、3打席目にライト前にヒットを打ち、そのまま軽々と盗塁を決めてしまう。

連続出場記録歴代1位のカル・リプケンの偉業について、ジョー・マドン監督は「野球を楽しんでいて疲れを感じなかったからできた」と語り、大谷の才能も同じだと言う。それは大谷自身も暗に語っていることだ。「自分で打ったほうが、得点が入ったときにもっとアグレッシブにマウンドでも攻めていけるかなと。守りに入ることなく常にマウンドにもいける」　マドン監督は続ける。「二刀流で休みなく出場することは義務ではなく彼がやりたいことだ」大谷は誰よりも野球を、二刀流を楽しんでいるのだ。

EPISODE 064

底なしの体力と常人離れの考え方

二刀流のパイオニアとして投打に活躍し続ける大谷の凄さは、まず「体力」だという。20連戦もざらにあるMLBで、過酷な日程で先発ローテーションを守りながら、毎日打者として出場し、盗塁まで決める。この体力は本当にすごい。普通ならまず〝しんどい〟というのが最初に来るはず。しかしおそらく大谷の中では、二刀流をするのが当たり前という感覚で入っているのだ。本当に野球が好きで好きで仕方がなく楽しんでプレーしてるからこそ出来るのだろう。

さらに凄いのは大谷の「筋肉」である。大谷の筋肉が目に見えて進化したのは、MLB4年目の2021年。日本人選手最多の46本塁打を記録したシーズンだ。2年目にトミー・ジョン手術をしたことで、体をしっかり作り上げることができた。それが本塁打の増加につながった。MLBの中でも体が大きい方なので、パワーでも外国人選手と比べて遜色ないという。筋力アップのトレーニングも最先端のメニューに効率的に取り組んでいるという大谷。現代では、ここの筋肉を鍛えたら打撃のパフォーマンスにこういう効果があるという情報が数値化されている。鍛えるだけではなく、リカバリーも考えられている。フィジカルの向上にも余念がないのだ。

日本人野手がMLB移籍後に打撃面で直面する壁。それが「ムービング・ファストボール（打者の手元で変化する球）」である。松井秀喜もその対応に苦労してきたという。大谷も当初は様々なタイミングの取り方をして試行錯誤し、一つひとつ壁を乗り越えている。日本の野球とは異なる、MLBならではの様々な課題に年々順応していく。それも大谷の凄さの一つだ。

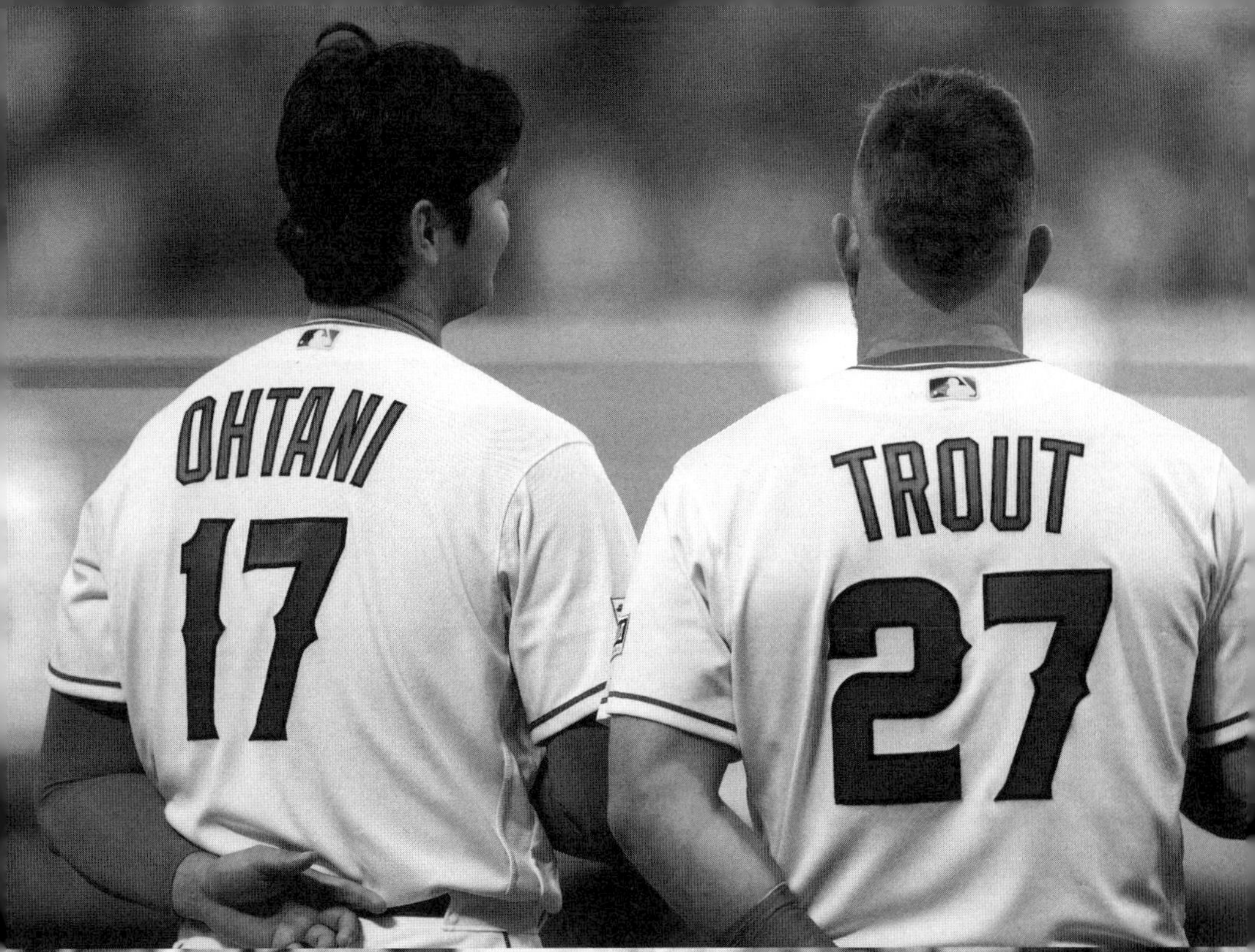
OHTANI
17
TROUT
27

FBM
securian
securian

EPISODE 065

驚異の肉体に進化

２０１３年に日本ハムに入団した当初、プロ１年目の大谷は身長１９３㎝、体重は今より１０kg以上軽い８６kgだった。同期で日ハムに入団した宇佐美塁大は当時を次のように語る。「背は高いけど、線が細い選手でした。ただし体に対する意識は新人の中でずば抜けて高く、どこに行くにもサプリメントを常備していた。ウエイトトレーニングも熱心に行ない、特に下半身を徹底的に鍛えていました」

さらなる肉体改造のきっかけとなったのが、２０１５年オフにダルビッシュ有と初めて行なった合同トレーニングだ。ダルビッシュは自らの経験やトレーニングに関する知識を惜しみなく伝えた。アドバイスを受けた大谷は、オフの間に１日6～7食を摂り、体重が2か月で8kgほど増えた。おかげで胸板や上腕の筋肉がパンパンに膨れ上がり、愛用のスーツが着られなくなったほどだったという。２０１８年からはＭＬＢでの二刀流の挑戦が始まるも、同年10月には右肘内側側副靭帯の再建術（通称トミー・ジョン手術）を受けることになった。投手としては丸１年を棒に振ることになったが、２０２０年シーズンオフでは、シアトルにあるトレーニング施設「ドライブライン・ベースボール」で最新機器による科学的なトレーニングを実施した。

現在の完成された大谷の身体には二刀流を実践するうえでの相乗効果が表れている。つまり、打者として必要なパワーを発揮するためには肩回りの筋肉強化が重要になる。この部分を大谷は投手としての柔軟性を残した筋肉となっている。プロ入りから長い年月をかけて蓄積された肩の筋肉は投手としてのしなやかさを使ったパワーのある打球を打つことが可能な筋肉へと進化しているのである。大谷の肉体こそがまさに二刀流なのである。

イラスト● KEIJI SUZUKI

第5章

レジェンドたちが語る大谷

世界の二刀流をどう見たか

イチロー、松井から
王、長嶋、松坂まで
野球界のレジェンドたちが
さまざまな視点から
世界の二刀流を語る！

EPISODE 066

イチローが語る大谷翔平

稀代のヒットメーカーであり通算4000本安打超えのレジェンド・イチロー。大谷についてさまざまな言葉で表現している。2021年シーズン終了後に大谷について語っている。「大谷翔平といえば二刀流、無限の可能性、類まれな才能の持ち主、そんなぼんやりした表現をされることが多かったように思う」

安打製造機として安打数、打率といった数字が自身の評価につながっていたイチローらしい視点だ。だがこれはけして皮肉や批判ではない。自らへの挑戦という意味において、それは誰よりもイチロー自身が意識していたことのはずだ。事実、イチローは次のように続けている。「比較対象がないこと自体が、誰も経験したことがない境地に挑んでいるすごみであり、その物差しを自らつくらなくてはならない宿命でもある」誰も挑戦したことがない境地、その評価の軸を自らつくらなければならない宿命という概念はまさにイチローという哲学といえる。また、「アスリートとしての時間は限られる。考え方は様々だろうが、無理はできる間にしかできない。21年のシーズンを機に、できる限り無理をしながら、翔平にしか描けない時代を築いていってほしい」とエールを送っている。

そんなイチローが大谷に期待するものは、その才能を認めているからこそなのか、破格の大記録だ。

2019年、自身の現役引退会見時、大谷に対して触れられた際に「投手で20勝してサイ・ヤング賞。その翌年に50本打って本塁打王、MVPを獲ってほしいね。それが想像ではなくてできる選手だから」とコメント。会見から4年。イチローの予言通り、それはもう想像ではなく、現実として我々の前に存在している。それが大谷翔平だ。

［夢の対決！大谷翔平vsイチロー］　イラスト●カルパッチョ

EPISODE 067

松井秀喜が語る大谷翔平

巨人、ヤンキースなどで活躍したゴジラこと松井秀喜。ある講演会の場でふいに大谷翔平の名を漏らしたことがある。講演会のテーマは「人にない〝武器〟をどう身につけるのか」松井はメジャー移籍の際に「ヤンキースの一員として、ワールドシリーズでチャンピオンになりたい」という強い思いがあった。２００９年にその夢は実現しＭＶＰになるなど、その功績は現在でも色褪せることはない。ただ「今の選手たちから比べると志が低かったかなぁ。大谷選手を見ていると…」と同じく現在メジャーで活躍する大谷の名を口にした。

松井は自身と大谷の違いについて、個人の目標とその達成のためのプロセスの設定の有無を指摘した。松井自身は「ヤンキースの一員としてワールドシリーズでチャンピオンになる」というチームの一員としての目標はあったが、首位打者と獲りたいとかＭＶＰになりたいといった個人の目標は意識していなかったとし、個人的な目標を掲げそのための努力を怠らず、結果的にその記録がチームへの貢献につながることを理解して実践する大谷との違いを語っている。また、二刀流については、「続けるかどうかは本人が望むかどうか」と独特の野球観から指摘。「見る側としては（二刀流は）夢がありますが、いい野球人生を送ることが一番大切なのではないかな」

「僕が何か言えることがない選手」などと大谷に対する発言には控え気味だった松井。「彼は今、メジャーリーグで一番の選手。彼のように投げて打つ選手が野球界の長い歴史で出てこなかった。その発想がなかった。（大谷が）新しい道を切り拓き今までの常識を破った。新しい世代にはきっと新しい二刀流が出てくる」と新時代の二刀流について語った。

[夢の対決！大谷翔平 vs 松井秀喜]　イラスト● good_job

EPISODE 068

王貞治が語る大谷翔平

現役時代、世界記録となる868本の本塁打記録を持つ初代国民栄誉賞受賞者・王貞治は大谷翔平をどう評価しているのだろうか。

2023年、WBCの開催に伴い帰国した大谷の練習ぶりを視察した王は、日本ハム時代の大谷と直接話す機会はなかったという。「若いときからすごい球を投げているなあと思っていたら、いつの間にかアメリカに行っちゃってね。彼には欠点がない。投げる球も打者としてもすべてが素晴らしい。口うるさいアメリカ人がべた褒めですから。彼はこれからの人生は生きにくいだろうなと…」興味深いのは、日ハム時代も二刀流に挑戦していた大谷を「すごい球を投げる」という投手として見ていた点だ。敵チームの手強い好投手として評価していたのだろう。一方で、打者・大谷に関して王は大谷の打球を弾丸にたとえ、そのスイングはピストルではなく、ライフルだと評した。「落ちそうで落ちない。ピストルの弾はすぐ落ちちゃう。彼のはグーッと押し返しているから、落ちそうで落ちないって感じだね。それにしても、あのパワーは、今までの日本の選手で見たことないね。体も強くなっているしバッティングに自信を持っている」

WBC初戦となる中国戦で解説に招かれた王は、折に触れ大谷について語った。「二刀流というパフォーマンスを普段はテレビでしか見れないのですが、今日は自分の目で確かめたくて」と生二刀流、生大谷の活躍に喜びを隠さなかった。何より王は、代表選手たちが活気づき、それが優勝へとつながったこと、そしてなにより日本中が野球と大谷に熱狂したことに「本当に感謝している」とこの上ない称賛を贈った。

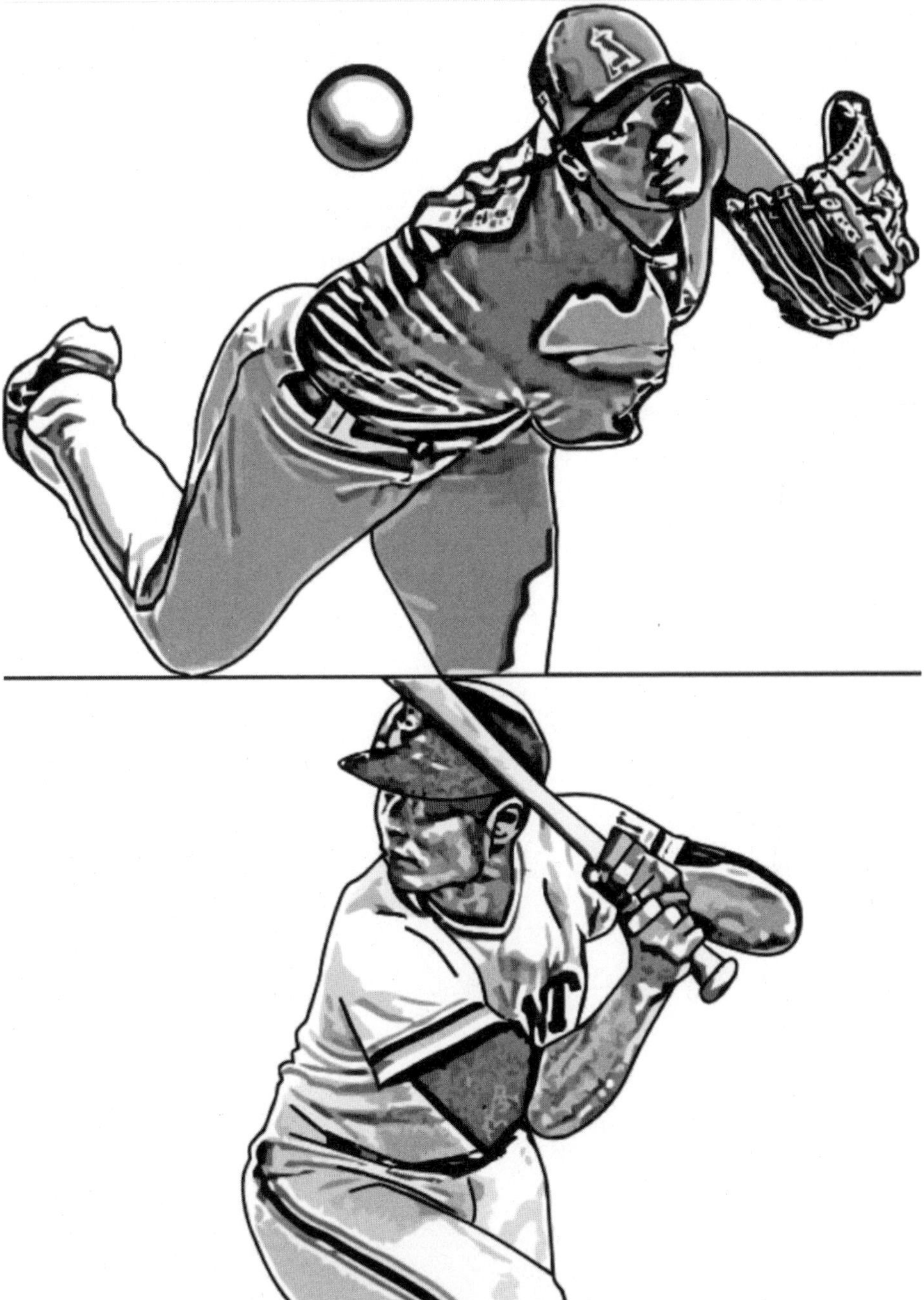

[夢の対決！大谷翔平 vs 王貞治]　イラスト●カルパッチョ

EPISODE 069

長嶋茂雄が語る大谷翔平

ミスタープロ野球こと長嶋茂雄も大谷翔平の活躍を絶賛するレジェンドのひとりだ。というよりも、長嶋は大谷ファンに近いものがある。プロ入団後、日本ハムで二刀流の挑戦を続ける大谷に対して長嶋はメディアの取材で「セ・パ通じてあんな選手いない」「男の子も女の子もみんな大谷でしょ?」と賛辞を贈るとともに、その独特の長嶋節で大谷人気とスターぶりを表現していた。2021年にはメジャーで二刀流を続ける大谷に対して「ホームランもね。センターでもレフトもライトもどこでも打っちゃう」「あんな選手ちょっといないよね。打って速い球も投げる。日本じゃちょっといない」と称賛し「体も大きい、足は速い。ないものがないよね。フェイスもいいし」と長嶋節を炸裂。まるで野球少年であり、大谷ファンのような熱狂ぶりを見せたほどだった。

ちなみに長嶋もかつては大谷の二刀流には中立~やや否定派といった立ち位置での批評をおこなっていた。特に長嶋は投手・大谷に大器を見出していたようである。「バッターもいいけど、やっぱりピッチャーだと思うよ。とにかく彼はこれまでの日本人が持っていないものを持っている。何より体がいい。(身長も)194、5(センチ)あるわけでしょう。それでいてあの身のこなしができる。これまでの日本人にないものを持っているんだ。(球速が)160キロを超えて話題になっているけど、164から165キロは出ると思う。メジャーに行ったってエース、ローテーションの柱になれるピッチャーだよ」

長嶋の評価は概ね正しかった。ただ長嶋の想像を超えていたのは、大谷は投手としての才能に加え、メジャーで40本以上の本塁打を打つスラッガーに成長したという点だ。

［夢の対決！大谷翔平 vs 長嶋茂雄］ イラスト● good_job

EPISODE 070

張本勲が語る大谷翔平

日曜日の朝の〝喝〟といえば、サンデーモーニングのスポーツご意見番・張本勲だ。2023年4月の放送で張本は、WBCでMVPを獲得した大谷が、9日後のメジャー開幕戦に登板したニュースに触れ「スーパーマンじゃないの?」と目を丸くした。「WBCで、投げて打って走って、相当疲れてますよ。にも関わらず開幕からこれだけ活躍する人見たことない。高校野球でもこんな体力ある人見たことないよ」とその底なしの体力と鉄人ぶりを称賛した。

張本といえばアスリートたちの〝あっぱれ〟な活躍にも容赦なく〝喝〟を飛ばす辛口評論で知られ、かつては大谷に対しても猛烈な批評を浴びせていた。2021年のシーズン開幕前のキャンプでは大谷の練習不足を指摘。投打において全力の練習に至っていないことを挙げ、シーズン中での怪我を心配していたほどだ。当の大谷は開幕直後に1号本塁打をすぐさま放つが、ここでも張本は下半身のトレーニング不足を指摘して「このままでは途中で必ず打てなくなる」と言い切った。ところが張本の意に反して大谷は絶好調でその年の5月には本塁打を量産する。そもそも張本は、二刀流にも否定的な野球論客のひとり。指導者として二刀流を認める栗山英樹監督との対談でも何度も苦言を呈している。特に張本は、大谷の大スラッガーとしての才能を認め、松井秀喜を超えベーブ・ルース級のホームラン王も狙えると語っていた。だからこそ打者・大谷に専念するために二刀流を否定していた節がある。

とはいえ、さすがの張本も二刀流をここまで貫く大谷には〝あっぱれ〟のようだ。投打にわたってメジャーで活躍する大谷を毎回毎試合楽しみにしていると語り、「自分にもあんな息子がいたらな」と目を細めているという。

EPISODE 071

野村克也が語る大谷翔平

捕手として三冠王、そして野村ＩＤの名将・野村克也は、かつて大谷の二刀流に対して否定派の急先鋒だった。このときの「プロ野球をなめるな」という野村の発言は、大谷が投打において非凡な才能があるからこそ、どちらも中途半端に結果となり矮小な選手になることを危惧した発言だった。だが、その後の大谷の活躍を見せつけられると実に野村らしい言い回しで大谷を評した。「俺でも二刀流をやらせたくなる」

以降、野村は大谷の二刀流を称賛し、その活躍を願い続けた。一方で、二刀流での記録は残しづらいとその道の険しさを熟知していた。だが大谷はＭＬＢで偉業を達成する。世界は大谷に熱狂したが、その活躍を野村は見届けることなく２０１８年にこの世を去った。生前著書のなかで、本当に大谷が大成するころには自分はもうその活躍を見ることはないだろうと綴り、かつて「プロ野球をなめるな」と大谷の二刀流を批判した自身をたしなめるように「終わった人間の言うことなど気にせず不滅の記録に挑め」とエールを送っている。

とはいえ、かつての「反・二刀流」急先鋒として野村は大谷をどのように見ていたのだろうか。野村は投手・大谷に重きを置いていたようだ。「スピードを追求することについてはあまり感心しない。ピッチャーはスピードよりもコントロールだよ。１５０キロのど真ん中と、１３０キロの外角低めとではやっぱり１５０キロのど真ん中のほうが打たれるのが野球なんだから。コントロールをよくするためには投げ込みも必要だろうけど、それよりも投げ方ですよ。バランスのいいフォームで投げることが大事。じゃあ大谷はどうかと言えば、通用しているんだからいいんじゃないの？」といかにも野村らしい言い回しで評価している。

EPISODE 072

落合博満が語る大谷翔平

〝オレ流〟でお馴染みのミスター三冠王・落合博満が大谷の活躍を称賛。特にホームランについて「無理にライトに打ちにいってませんよね。センター中心に打ってるのが良い結果を生んでるんじゃないですかね」と分析。大谷の凄さについて「すべて野球にかけてるってところが凄い」と語った。

またバンテリンドームでの大谷の特大のフリー打撃に驚嘆。右翼5階席に到達する推定160メートルの特大弾を放つ大谷の様子に「凄いのひと言です。あそこまで飛ばすとはね。見たことないです」と語った。

一方で、落合は指導者として流石の分析力を見せる。「彼はあれで結果を残しているんだから、あれでいいんですよ。誰も文句の言いようがないんだから」と大谷を絶賛しつつも「ただ、他の人にあの打ち方しろとは言わない。ちょっと難しすぎる。彼にしかできないんじゃないのかな」と評した。打法の難解な点について「あれだけ、アッパースイングするということは、だから三振も多いでしょ。点で捉えるから」と言及。ボールを線で捉えると当たる確率は増えるが、大谷は違うと指摘した。「我々の世代なら一番先に直された」「下から上にしゃくり上げるには相当なパワーがいる。バランスよく体を作り上げたのだろう」と解説した。

かつて落合は数少ない二刀流肯定派であった。2022年の大谷のシーズン記録についてW規定達成を挙げて「すごい数字」と絶賛しつつも投打について細かな成果は「物足りない」部分があるとも語った。

そんな落合だが、プライベートでは大谷グッズを買い揃えてしまうほどの大の大谷ファン。大谷を語るときの表情がもはや好々爺なのだ。

[夢の対決！大谷翔平 vs 落合博満]　イラスト● good_job

EPISODE 073

江川卓が語る大谷翔平

「昭和の怪物」と呼ばれた往年の剛腕投手・江川卓が、現代の「怪物」大谷を語った。江川によると、大谷の打法はメジャーの投球トレンドと逆行しているという。現在の大谷のスイングは、バットが内側から入り、外側に押し込んでいく軌道を描く〝インサイドアウト〟と呼ばれる打法だ。そして現在のメジャーでは、投手たちはストレートボールを下向きに回転させて投げる傾向がある。そのためバットが下から当たらないと打球が上がっていかないが、大谷はそんなボールにもインサイドアウト打法で下からバットを当てて打つという。そのため江川は「ボールが上がっていく球種を投げないと打ち取れない」と大谷対策を挙げたが、「今のメジャーでやっている選手がほとんどいないんですよ」とも。そのため「しばらく大谷さんの好調は続くってことになりますよ」と結論づけた。

また、大谷が本塁打王を獲得する可能性について江川は「ケガがなければ100％獲得する」「今の打撃なら間違いない、ピッチャーは投げるところがない」と言い切った。

もし江川が大谷と対戦するとしたらどのように対策するか聞かれ「僕はインハイ（内角高め）のフォーシームを投げます。一番、（打者に）近くなっていくように。離れていくと拾われちゃうので」と対戦を想定した攻め方を披露した。さらに、現役時代に大谷選手と対決したら、打ち取れる自信はあるかと聞かれた江川は「半々ですね。彼ならインハイを打たないかもしれないので、無理だと思ってやめる可能性もある」と自身の勝負球に対して大谷が手を出さない可能性を語った。昭和の怪物・江川にとっても大谷との対戦は魅力を感じたようで「やってみたいですね…」と呟いたのが印象的だ。

[夢の対決！大谷翔平 vs 江川卓]　　イラスト●カルパッチョ

EPISODE 074

松坂大輔が語る大谷翔平

平成の怪物・松坂大輔はあるインタビューで大谷について語った。

「とんでもない化け物です。次元が違う。僕も投げないときにDHで試合に出してもらえていたらバッターのほうも一生懸命に練習したかもしれませんけど、でも彼に関してはレベルが違います。他のピッチャーのことをそんなふうに思ったことはないんですけど、彼はピッチャーとしてもバッターとしても、ということですからね。今は彼以上の存在はいないでしょう。あれだけのまっすぐと変化球を投げて、あれだけ遠くへ飛ばして…」と手放しで称賛した。

ピッチャー松坂対バッター大谷について「たぶん、ストレートで勝負して、それをカーンといかれて、監督に怒られるんでしょうね。ストレートしか待ってないバッターにストレートを投げてどうするんだって(笑)。でも、そういうわかりやすい力と力の勝負を、もう一度、やってみたかった。それはもう、だいぶ前からできなくなっていましたから」と幻の一戦を我々に想像させた。

2023年WBCのイタリア戦の先発・大谷に対し「最初から全力投球で、ピンチになると一段ギアを上げて。最後まで声が出ていた。改めて能力の底のなさを感じる凄いピッチャー」と脱帽。WBC決勝、9回に登板したクローザー・大谷に対し「普通では考えられないぐらいの負担がかかっている」「それを一切見せない大谷選手は本当にすごい。このまま全世界の野球少年、少女に夢を与え続けてほしい」と絶賛。かつての怪物は次世代の怪物にエールを送り続けた。

［夢の対決！大谷翔平 vs 松坂大輔］ イラスト●カルパッチョ

EPISODE 075

上原浩治が語る大谷翔平

巨人のエースとして活躍しMLBでは胴上げ投手になった上原浩治。大谷がベーブ・ルース以来、104年ぶり2人目の「2桁勝利&2桁本塁打」を達成したとき「体が強いっていうのは本当にそうだなって思いますよね。やっぱり(投打)両方やってて疲れっていうのは絶対に出て来ると思うんですけど、次の日でも普通に試合に出ていますから。やっぱり体が強い」とコメント。また、2023年6月の絶好調の大谷に対して「笑うしかないです。もう(3冠王が)見えてますね。シーズンのMVPっていうのは、このままいけば確実だと思います」と話った。

一方で上原は、一部のファンから「アンチ大谷」を疑われ、本人は困惑している。発端は、2021年3月に自身のツイッターに投稿したコメント。当時メジャーに属していた日本人先発投手である前田健太、ダルビッシュ有、菊池雄星、有原航平の4名を「みんな調子が良いみたいですね」「このままシーズンに入ってほしいね」と綴ったが、これに大谷が入っていないことを指摘するリプライが寄せられた。上原は「先発ピッチャーとして結果を出してませんから…打者としては結果を出してますが…」と返答。これが物議を醸した。

以降、上原の「アンチ大谷」の噂は燻り続けている。だが、冒頭のように上原がメディアで大谷について語る内容を踏まえればアンチではないのは明らかだろう。偉大な記録を達成する大谷を称賛こそすれ、ミソを付けるような発言はしていない。一方で、エンゼルスが優勝争いにかかわらないこと、それが原因でチームメイトと大谷のモチベーションとの差異が大きいことを挙げて「強いチームに移籍して同じモチベーションでやったほうがいい」と、移籍を勧める発言をしている。

[夢の対決！大谷翔平 vs 上原浩治]　イラスト● good_job

EPISODE 076

掛布雅之が語る大谷翔平

ミスタータイガースこと掛布雅之にとって大谷の凄さは「打つ投げるよりも、足の走る力っていうのかな。これが凄いなと思って」と、二刀流だけでなく走塁の姿勢を評価した。足をケガすると投手として投げることができなくなるため、普通なら足をかばって走れないのだが、大谷はケガを恐れず果敢に走る。その様に掛布は「あれだけスチールしたり、ヒットでホームに入ってくるスライディングのスピードだとか、確かにホームランの内容もビックリさせられるけど、僕が一番びっくりしているのは走る力」と驚愕する。

また、掛布は以前から「僕らの時代の上から振り下ろすダウンスイングではない」と、大谷の打法の特徴はアッパースイングと語っていた。「(大谷の)バットの軌道なんかはランディ・バースの軌道にちょっと似てるかもしれません。やや下気味からアッパー気味に入っていく軌道。その中でボールにバックスピンをかけて、ボールを遠くに飛ばす。日本の野球じゃなくて、アメリカのベースボールをやるために生まれてきた選手なんだと思います」

掛布は大谷の本塁打量産の要因を次のように分析した。「大谷にとってはヒットの延長線上にホームランがあるのだろう。この感覚で、しかもメジャーで本塁打王争いをすることは常識では考えられない。私も含め、シーズン40発以上を狙うホームラン打者は、本塁打の短縮がヒットという感覚で打席に立っている。だが、大谷は無理に強振しなくても、バットの芯に当てるだけでサク越えする自信があるに違いない」WBCイタリア戦でのピッチャー大谷について「ゲームの中で微調整できる上手さがある。スライダーの投げ分けが凄い。ゲームを支配している」と評した。二刀流について「投手か野手か選ばなくていい、夢を与える二刀流を見せてくれた」と述べた。

EPISODE 077

デレク・ジーターが語る大谷翔平

2000年代のメジャーリーグで絶大な人気を誇った、元ヤンキースの主将であるデレク・ジーターが大谷についてコメントした。2022年6月24日、米スポーツ専門局『FOX Sports』にゲスト解説として招かれたジーターは、大谷の驚異的な投打の成績に対し「なんというか、もう何をしても驚かないよ」と脱帽した。

「そうだろ? 彼はずっと大活躍を続けているんだ。ホームラン数はトップだし、リーグで最高の投手の一人でもあるんだ。正直に言って僕には意味がわからないよ(笑) この現実をうまく説明できる人なんているのかな? ベーブ・ルースが何百年と前にやってはいるみたいだけど、オオタニがやっていることは前代未聞だ」〝ニューヨークの貴公子〟と呼ばれたジーターに「前代未聞」と言わしめた大谷の活躍ぶりが光る。

さらにジーターは、WBCでの活躍を引き合いに出し、大谷にはプレーオフに出場してほしいと語る。「彼はあのステージ(プレーオフ)に立たないとダメだ。野球にそこまで興味がないようなカジュアルなファンも注目する場所だからね。今はご存知とおり、アナハイムの人たちが中心だ。オオタニにはデカい舞台が必要だと思う。WBCの時のオオタニは本当に輝いていたからね。野球というスポーツのためにも、彼がプレーオフに行くことを願うよ」アメリカ野球界で最も注目される場・プレーオフに現在8年連続で進出を逃しているエンゼルス。大谷にとっての次なるステップにはデカい舞台が必要であり、その舞台こそがプレーオフなのではないかとジーターは指摘する。5度のワールドチャンピオンを経験し、プレーオフの特別感を誰よりも知るジーター。デカい舞台でこそ輝ける大谷を近い将来見てみたい。

EPISODE 078

MLBのスーパースターたちが語る大谷

MLBやWBCで活躍を見せる大谷に、対決したことのある2人のレジェンドたちも称賛を惜しまない。

ヤンキースのエース、ゲリット・コール。大谷が衝撃を受けた投手の1人で、初対戦のあとに大谷は「いくら払ってでも経験する価値のあるくらい素晴らしい投手」と絶賛。一方コールも大谷の二刀流を称賛している。「野球をしている子どもたちは、投打全部やりたいと思うだろう。大谷はその夢をエリートレベルでやっている。彼を見て次世代の選手が大きな夢を持ち続けてほしい」また、2022年までアストロズに在籍していたMLB屈指の名投手、ジャスティン・バーランダーも大谷が衝撃を受けた一人だ。2018年の初対決では4打席連続三振で完敗した大谷は「球種がどの投手よりも1ランク2ランク高い」と感服。一方バーランダーも大谷の二刀流を「打者としても投手としても、ベーブ・ルース以来のことをやり遂げている」と称賛した。

また、既に引退した往年の名投手、ペドロ・マルティネスも大谷に熱く語りかけた。2023年のWBC決勝後、MLBの公式番組に出演した大谷はマルティネスから「私は君の疲れや身体を心配している」と声をかけられた。対して大谷は「いまは興奮もしていてあまり疲れは感じませんけど、しっかりとリカバリーをとってがんばります」大谷のクレバーな受け答えに対してマルティネスは「ショウヘイ、ひとつだけ言わせてくれ」と次のように続けた。「ファン、選手、そして野球界に携わるすべての人間を代表して言わせてほしい。ショウヘイ、君は特別な人間だ。だから私たち全員が君に感謝をしていて、君がやっていることを認めたいと思うんだ」

偉大なレジェンドたちから大谷へ送られる賞賛は、二刀流の挑戦がいかに尊いものかを知らしめている。

ANGELS
17

[火の鳥の大谷]
イラスト●もも屋さん

第6章

素顔の大谷翔平

睡眠力、食生活、金銭感覚、コミュ力の高さ

睡眠から食生活
金銭感覚からコミュ力
清廉潔白な好青年
大谷翔平を形成するもの
その素顔に迫る！

EPISODE 079

気遣いとムードメーカー

WBC開幕前日の公式会見に出席した大谷。日系人初の日本代表入りを果たしたラーズ・ヌートバーについて聞かれた際、少し微笑みながら大谷は答えた。「明日の試合でまず、声援が大きければ大きいほど、やる気にもなるでしょうし、自分が日本という国に受け入れられてもらえているのか、本人もわかると思う。ぜひ、素晴らしい声援を送ってもらえれば、僕としても嬉しいかなと思います」大谷はチームに合流した日から、常にヌートバーを気にかけていた。初実戦となった阪神との強化試合では、ベンチ内で大谷はヌートバーの近くに座り、通訳を介さずに談笑している姿が見えた。相手投手の球種や特徴を伝えたり、日本野球の応援スタイルやイニング間のイベントなど、日本式の習慣を解説する場面もあった。そしてこのとき、ある打ち合わせをしていたのだ。

3回、2死三塁の場面で打席にはヌートバー。センター前へ運び、先制点を叩き出すと、ペッパーミルで胡椒を引くようなポーズを披露。その後ホームランを打った大谷も同じポーズで続く。これは事前に大谷と打ち合わせしていたことだとヌートバーが秘話を明かした。「ショウヘイと、チームセレブレーションみたいなことを何かやらないかって話していたんだ。でも、エンゼルスには特にそういうのがないんだって。それで、カージナルスにはこれがあるよって話したらショウヘイが『いいね！　先頭バッターなんだし、ヒットを打って出塁したら是非やってよ』って言ってくれたんだよ」このポーズは「ペッパーグラインダー」というパフォーマンス。翌7日の強化試合では他の代表選手たちの間でも定着。ヌートバーは「楽しんでくれて嬉しいよ。みんなが出塁したときにやれるし、チームの仲間意識を高めるようなパフォーマンスだと思っている」と嬉しそうに笑った。

マンガ●ジミー頁

EPISODE 080

試合中の大爆笑

２０２３年６月23日、敵地ロッキーズ戦にて、ベンチでの大谷の大爆笑が報じられ話題に。

４回表の攻撃が始まる直前、エンゼルスのバットボーイが、外野にいるロッキーズの中堅手ドイルの元へ駆け寄ると、耳を指差し何かを探し始めた。地元放送局の実況は「誰かがイヤリングを失くしたんだと思う」と実況。バットボーイはしばらく右往左往した後、ダグアウトにいるネビン監督から指示を受け、ダッシュで戻ってきた。ベンチにいた大谷はその光景を見て、口を大きく開き目がなくなるくらいの大爆笑。笑いは止まらず10秒近く白い歯をのぞかせた。同局の解説者マーク・グビザ氏も「ショウヘイが楽しそうです」とつられるように笑った。

この様子の動画を、同局の公式ツイッターが「ショウヘイが楽しんでいる」と記して投稿。日本のファンからは「想像した倍くらい笑っててておもろい」「やばｗ　可愛いｗ」「どーしたどーした爆笑じゃん」「彼の笑顔は周りを幸せにします」「このうえもなく、弾けた嬉しい笑顔ですね」「こんなに大爆笑する大谷選手はなかなか見られない」「こんなの全人類好きになる」「この悪い笑顔も素敵だわ」といったコメントが寄せられた。

同局のレポーター、エリカ・ウェストンさんが直後に「誰かがそこでピッチコム(捕手と投手との間で球種やコースを送信する機器)を失くしたそうです。だから彼をそこに送っていたのです」と珍事の理由をレポート。

この試合の結果は、大谷は日米通算２００号となる25号ソロを放つなど5打数３安打１打点と活躍するも、チームは4-7で逆転負け。探し物もバットボーイの奮闘むなしく見つからなかったが、大谷の試合時の貴重な笑顔はファンを喜ばせた。

EPISODE 081

ベンチのじゃれ友サンバドル&スアレス

大谷は登板日以外ではベンチ内でチームメイトと談笑している姿をよく見かける。とりわけよく目にするのは、先発ローテーション投手のパトリック・サンドバル、ホセ・スアレスといった若手選手たちとのじゃれあいだ。

サンドバルは2018年7月にアストロズからエンゼルスに移籍した。ポテンシャルが高く、2020年シーズンからは先発に抜擢され、2022年シーズンは6勝9敗と負け越してはいるが投球イニング数（148回2／3）と防御率2・91はエンゼルスの先発では大谷に次ぐ成績である。

サンドバルは、大谷の性格を次のように答えている。「彼はいつも、なんだかふざけている。自然な感じで、面白いよ」。サンドバルだけでなく多くのチームメイトが大谷を「Sarcasticで面白い」と評している。Sarcasticは「からかい上手」といったニュアンス。要するに大谷はいたずら好きということだ。

二刀流の大谷に対してサンドバルは「非現実的すぎる。言葉が見つからない。もの凄い打球を飛ばし、もの凄い投球を投げる。彼のやっていることがどれほど並外れているか、人々が本当に理解しているのか分からない。それほど信じられない」と語っている。

もうひとり、ベンチで仲良くしている姿をよく見るのは、同じく先発左腕のスアレスだ。ずんぐりむっくりとした体型で、ベネズエラ出身の25歳。大谷同様に彼もまたいたずら好きで、クラブハウスでは日本の報道陣にさえちょっかいを出しているという。2021年シーズンは8勝8敗、防御率3・75。2022年シーズンも同じく8勝8敗で防御率は3・96という記録。今後の活躍に期待したいひとりである。

EPISODE 082

死球直後の一塁上での会話を解読

大谷が死球を受けた後の一塁上での会話が、アメリカのファンのあいだで注目を集めた。2022年10月4日のアスレチック戦にて、大谷は3回に右上腕に死球を受けるアクシデントに遭った。しゃがみ込む大谷。翌日に史上初の規定投球回数&規定打席のダブル到達をかけた先発登板を控えているとあって心配されたが、その後大谷は笑顔で一塁に歩いていくと、待っていた一塁手セス・ブラウンに何か声をかけ、いたずらっぽい笑みを浮かべた。ブラウンも何か言葉を返し、肩を抱いた。

笑顔で掛け合ったこの微笑ましいシーンを、日本でも「ピッチングニンジャ」の愛称で知られる米投球分析家ロブ・フリードマンが内容を解析し、ツイッターに投稿した。彼によると、大谷が言った一言は「Tomorrow（明日な）」であり、それに対してブラウンが「Don't do that to me（俺にはやめてくれ！）」と返したという。大谷が「明日、君にぶつけてリベンジをするよ」というジョークを投げかけたと解説した。なんともお茶面なジョークを知ったアメリカのファンからは、「なんでこの男はこんなに素晴らしいんだ（笑）」「彼を愛さずにいるなんて不可能だよ」といった反響が上がり「彼はスペクタクルだね」「プライスレスだ。彼は野球にとって素晴らしい。どんなときも一流だ！」「面白すぎ」「優れた選手たちの中でもショウヘイは良い人すぎる」「翔平のユーモアのセンスはかなり過小評価されている。リーグで最も愉快な選手の一人なのに」と称賛の言葉を贈った。また、エンゼルスのファン以外からも「エンゼルスは嫌いだが、翔平のことは愛している」「俺はエンゼルスが痔の苦痛よりも嫌いだが、大谷は認める」とジョークを交えて好感を持って受け止められた。野球一筋の大谷がふと見せたキュートな一面である。

死球直後の一塁上で

マンガ●タナカ アツシ

EPISODE 083

大谷のクソガキっぷり

取材陣への対応や、球場での振る舞いから品行方正なイメージのある大谷。だが、彼と共に生活を送ってきたチームメイトは彼をクソガキと呼ぶ。特に先輩をイジるのが好きらしく、様々なエピソードがある。

WBC中国との1次ラウンド初戦では、3番・投手のリアル二刀流として出場していた大谷。そのクソガキっぷりが赤裸々に全国中継された。ベンチの前列に座り、両腕を使ってスイングの確認をしていた牧秀悟内野手。その様子を後ろから見ていた大谷はニヤリと口元を緩ませた。ゆっくりと忍びより、牧の首元にそろりと手を当て、思い切り上に掻き上げた。刈り上げた後頭部をいじられた形の牧は、思わず首カックンしたようなリアクションに。それを見た大谷は子どものように笑っていた。このイジりは中継内で一瞬映っただけだったが動画がネット上に拡散され、ファンからは「オオタニサン、牧をロックオンした模様」「牧いじられるのみると安心する」と笑撃を受けた声が上がった。さらに「クソガキ」の頭文字を取ったネットスラング「ｋｓｇｋ草」の他、「またまたいたずらっ子がムクムク出てきたぞー」など、大谷のいたずら好きな一面に虜になった様子だ。

エンゼルスでもクソガキっぷりを発揮している。仲の良いスアレスとは日本語とスペイン語を教え合っているが、スアレスは日常会話に使う言葉を教えているのにもかかわらず、大谷が教えているのは「出てけ」「ブサイク」「何見てんだ」などの日本語を教えていたそうだ。

大谷に対して紳士的なイメージを持っている人が多いとは思うが、実はとてもユーモアのあるお茶目な青年である。野球に対して真剣な大谷も、オフの時のクソガキな大谷も、両方ともに人を惹きつける魅力があるのだ。

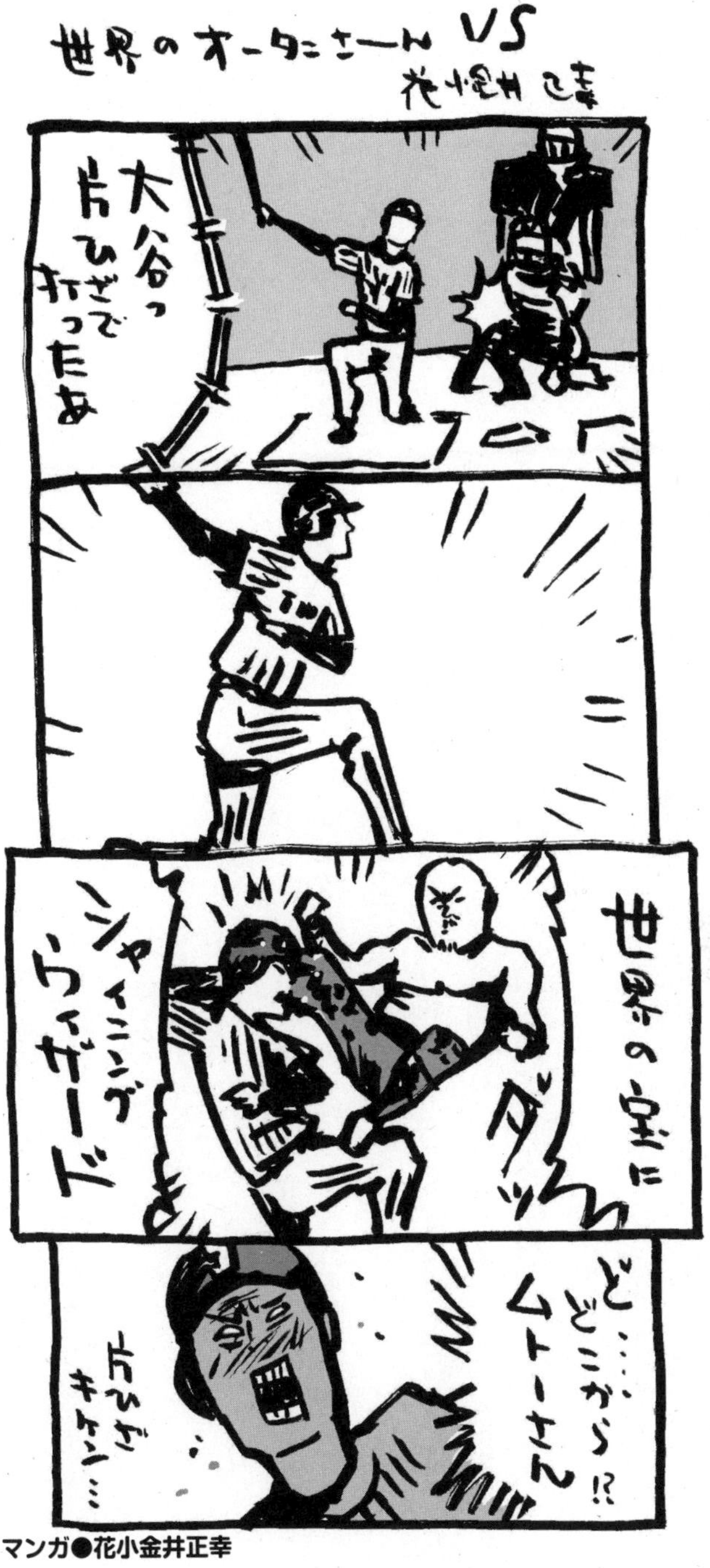
世界のオータニさ〜ん VS
花小金井正幸
大谷っ
片ひざで打ったあ
世界の宝に
ダッ
シャイニングウィザード
ど…どこから!?
ムトーさん
片ひざキケン…

マンガ●花小金井正幸

EPISODE 084

同級生・鈴木誠也との交流

まるでコントのような寸劇だった。「釣り人」になった大谷翔平が釣竿を大きく投げ込みリールをクルクルと巻いていく。「お魚」の鈴木誠也がパクンとエサに食いつき引き寄せられていく。2人の絶妙な間合いは見事だった。

これは2023年、大谷と鈴木がMLBでの対決の舞台となったエンゼルスVSカブスの試合前に見せた光景だ。2人はともに1994年生まれの同級生。「きっと日本時代からの持ちネタを披露したに違いない」。そう思い込んだ報道陣は多くいただろう。「釣りパフォーマンスはいつから2人でやっているのですか?」と尋ねた報道陣に鈴木は笑顔で「わかんないっす。あいつがやってきたんです。いきなり。翔平が1発目（第1戦の試合前）にやってきたんで。今日は釣ってやろうと（笑）。やり返しました」3戦目を前に役割をチェンジし「釣り人」に扮する鈴木は、大谷同様に竿を投げ込み「お魚」になった大谷がちょっぴり照れながらもエサに食いつく姿を見せた。

6月6日から8日にかけての3連戦。大谷も笑顔が目立った。試合前の釣りパフォーマンスだけでなく、試合中のグラウンドでは何度もアイコンタクトをとり合っていた。MLBという舞台において敵同士で相まみえることに鈴木は喜びを隠さなかった。「笑顔になってました? 試合前くらいですよね。あいつ、ふざけてますよね。ふざけてます、あれは本当に（笑）。おちょくられてます、完全に。言っておいてください（笑）」「会った時はよく話します。でも野球のことは教えてくれないんですけど。なんなんですかね。バッティング教えてって言っても全然教えてくれないんで、〝ケチ谷〟って呼んでます（笑）」。大谷が偉大な選手になっても変わらず友人、そのような悪戯っぽい表情を見せながら鈴木は語った。

EPISODE 085

審判も魅了する礼儀正しさ

2023年6月21日の対ドジャース戦。2回、ゴロで大谷はベースカバーに向かった。トスされたボールを受け、ベースを踏んだ後に一塁塁審と交錯しそうになったが、軽やかな身のこなしで回避。右手を上げて紳士的な対応を見せた。地元放送局はSNSに「野球界で最も礼儀正しいスーパースター」と動画を投稿した。

審判に礼儀正しく接する大谷の姿は度々メディアやSNSで話題になっている。

2か月前の4月11日、大谷は二刀流で出場。5回を0点に抑えベンチへ戻る大谷に険しい表情の球審が歩み寄り、左腕の袖口に目線を向け声をかけた。大リーグでは不正行為の粘着物質が手についていないかチェックする慣習がある。不正を疑われたということだが、大谷は腕を広げて内側を披露した。そこにあったのはピッチャーやキャッチャーが試合中に選手間で通信を行うピッチコム。球審は笑顔を浮かべて納得した様子。試合後ネビン監督は「（球審は）振り返って『そこに着けてるなんて知らなかった』と笑っていたよ。彼らは特定の体の部分を触り続けていたらチェックしなきゃいけないからね」と語った。不正を疑われたにも関わらずにこやかに応じた大谷の様子にメディアは「オオタニが不正をしていないとわかったとき、審判はすぐに彼に謝罪した」「審判を笑顔にさせることができる稀少な選手だ」と報じた。審判の粘着物質検査にイライラする選手も多い中、この大谷の〝神対応〟は話題となった。2年前の2021年9月26日にもベンチへ戻る際に審判団から粘着物質チェックを受けたが、そんな疑惑の目にも爽やかなウインクで対応。この大谷の対応は、米投球分析家が選ぶ「ピッチングニンジャ・アワード」の年間ベスト粘着物質検査に選ばれたという。笑顔とウインクで対応する大谷に審判も魅了されたようだ。

EPISODE 086

愛される天然っぷり

2023年WBCの裏側に密着したドキュメンタリー映画『憧れを超えた侍たち　世界一への記録』。優勝の瞬間にグローブと帽子を空中に投げて喜びを爆発した大谷。少し落ち着いた後、自分で投げたグローブを必死に探す姿がスクリーンに映し出された。このシーンはちょっとした話題に。彼のこのような天然のエピソードは他にもある。迎えの車を間違えて違う車に乗り込もうとしたり、クーラーボックスの上に座った大谷が水分補給をするためクーラーボックスを開けようとするも、自分が座っているため開けることができなかったりする姿が目撃されている。また、試合後にチームメイトが取材を受けている際に、カメラの前を横切り怒らたこともあった。

そんな天然伝説は日本ハム時代やプロ入り前にもあった。記念撮影をしているとき、チームメイトが大谷に向かってゴミのようなものを投げてイタズラ。大谷は犯人にまったく気づかずに周囲をキョロキョロと見回している。試合中のベンチでも同じようなイタズラをされ、何が起こったのかわからず、不思議そうな表情を浮かべている様子がカメラに映ったことも。さらに、日ハム時代の監督でWBCでもともに戦った栗山英樹は大谷について、「野球に関しては完璧。だけど普段は本当にマイペース」と証言する。小学生のころは休み時間が終わったことに気がつかずに遊び続けて授業に遅刻。先生に怒られることもよくあったという。また花巻東高時代は、寮から急いで出ようとしたときに、身長が高いこともありガラスに頭をぶつけて割ってしまったことも。

野球では空前絶後の活躍を見せている一方、かわいい天然っぷりも見せてくれる大谷。そのギャップも愛される要因なのではないだろうか。

翔平さん作文

マンガ●みえっち

EPISODE 087

子どもたちの手本になる振る舞い

「エースで4番」という野球少年たちの憧れともいえる二刀流でMLBでも活躍する大谷翔平。ファンやメディアに対する丁寧な振る舞いに関して、子育てアドバイザーの視点から分析していただいた。

（大谷の振る舞いは子どもたちに対しての模範になり得るかという問いに対して）もちろん模範となります。特に今の時代は、単に野球の試合が放送されるだけでなく、その中の1コマをクローズアップして、メディアで紹介することも多いです。よって野球選手としての素晴らしさだけでなく、その人の人間性までもが伝わりやすい時代といえます。大谷選手はそのモデルのような存在だと思います。私は今、アメリカに在住していますが、実際に住んでみて感じるのは、やはり、細やかなマナーにおいて、日本には素晴らしい文化があるということです。

周囲への配慮の仕方や物を丁寧に扱うこと、このような教育は非常に水準が高いと感じています。日本で生まれ育った大谷選手にとっては、身に付いた習慣を引き続き実行しているだけかもしれませんが、アメリカ人から見たら、本当にリスペクトできる行動ばかりなのです。メジャーリーグは親子で観戦、応援している人も多いですから、子育て中の親にとっても大谷選手は「子どもがぜひ影響を受けてほしい」と願うのではないでしょうか。

ヨーロッパではサッカーがスポーツ文化として根強く、ポルトガル代表のクリスティアーノ・ロナウドやブラジル代表のリオネル・メッシはSNSのフォロワー数も桁違いであり、子どもが憧れるだけでなく、その振る舞いをSNSを通して目にする機会も多い。アメリカにおけるスーパースター・大谷はまさに彼らと同様に、子どもたちにポジティブな影響を与え続ける模範的存在といえるのだ。

EPISODE 088

ダサかわいい⁉ラフな私服に注目

大谷人気はアメリカ在住の日本人少年たちの間にも広がっている。野球部の高校生が練習のときに大谷が所属するエンゼルス風の赤と白のユニホームを着ていたり、「ショータイム！」が学内の流行語となっているという。

さらに大谷の私服ファッションに憧れる少年たちも多いという。ロサンゼルス在住の日本人女性は、中学生の息子が「ニューバランス」のグレーのパーカやスウェットを着たがっていると語る。大谷が今年契約したファッションブランドだ。胸に「NB」と小さなロゴが入っているのが特徴である。ただ、そのお母さんはこうも語る。「全身グレーだったり地味でダサい感じもするので、できれば別の服も着てほしいのですが、息子はどうしてもこれが欲しいと…」いわゆる「ダサかわ系」の服なのだ。しかし相性がいいのか、大谷が着るとカッコよく見えてしまうのだ。販売店では完売となっていることも多いという。

新商品のスニーカーも話題となった。MLBのカルチャー部門『MLB Life』の公式ツイッターが大谷のスナップ画像を公開。ニューバランスのTシャツとスウェット、そして見たことのないスニーカーを着こなす大谷が。実はこのスニーカーは当時未発売の新商品。気づいた人たちにより一躍話題になり即日完売。再入荷の予約待ちも殺到したが、いつ入荷されるかはまだわからないという。このスニーカーを始め、日本でも大谷効果でニューバランスのTシャツが人気に。日本ではオンラインショップでも入荷待ちとなっている。大谷が未発売のニューバランスの商品を着た画像や動画がSNS上に投稿されるたびに『早く手に入れないと！』と全米でお祭り騒ぎになるという。今や大谷はアメリカのファッションリーダーでもあるのだ。

EPISODE 089

ファンへの神対応がスゴかった!

メジャーリーガーはグラウンドでプレーする以外に、ファンサービスも大切な仕事である。特に少年に夢を与えられるように、その行動には気をつけないといけない。そして大谷はいついかなる時でも、チビッ子ファンへの神対応を欠かさない。2023年5月31日、対ホワイトソックス戦で大谷は「3番・DH」で出場し、2打席連続ホームランを放つなど獅子奮迅のパフォーマンスを披露。3打数2安打4打点の活躍で大勝に貢献した。

その試合前、ベンチで準備をしていた大谷にエンゼルスのユニホームを着た少年がベンチ脇から「ショウヘイ」と声をかけた。これに気づいた大谷は微笑みながら近づき、少年が持っていたボールにサインをするためペンを走らせた。すると、隣にいたホワイトソックスのシャツを着た少年の父親らしき人物が大谷に声をかける。大谷は、緊張の面持ちで直立した少年と記念撮影。大谷は後ろから肩に手をやりニッコリと微笑みかけ、顔を寄せるようにしてフレームに納まった。少年も笑みを浮かべ、父親とみられる男性が構えたスマホに視線を向けた。

一連の様子は米ロサンゼルス放送局「バリースポーツ・ウェスト」の中継で流れており、SNS上に動画が拡散。この日の同局のライブ中継では、スタンドで大谷のバッティングフォームをモノマネする日本人少年の様子や、大谷がホームランを打った際に客席で狂気乱舞するエンゼルスファンの子どもの姿を中継するなど、大谷がどれほどチビッ子たちに愛されているかが映し出された。対戦チームのチビッ子ファンにも分け隔てなく笑顔で対応する大谷に、ネット上では「世界中の少年の英雄」と称賛の声が。野球や自分に対してはストイックで厳しい面を持つ一方で、ファン、特にチビッ子に対しては非常に優しい大谷。ファンが彼を愛してやまない理由はここにもある。

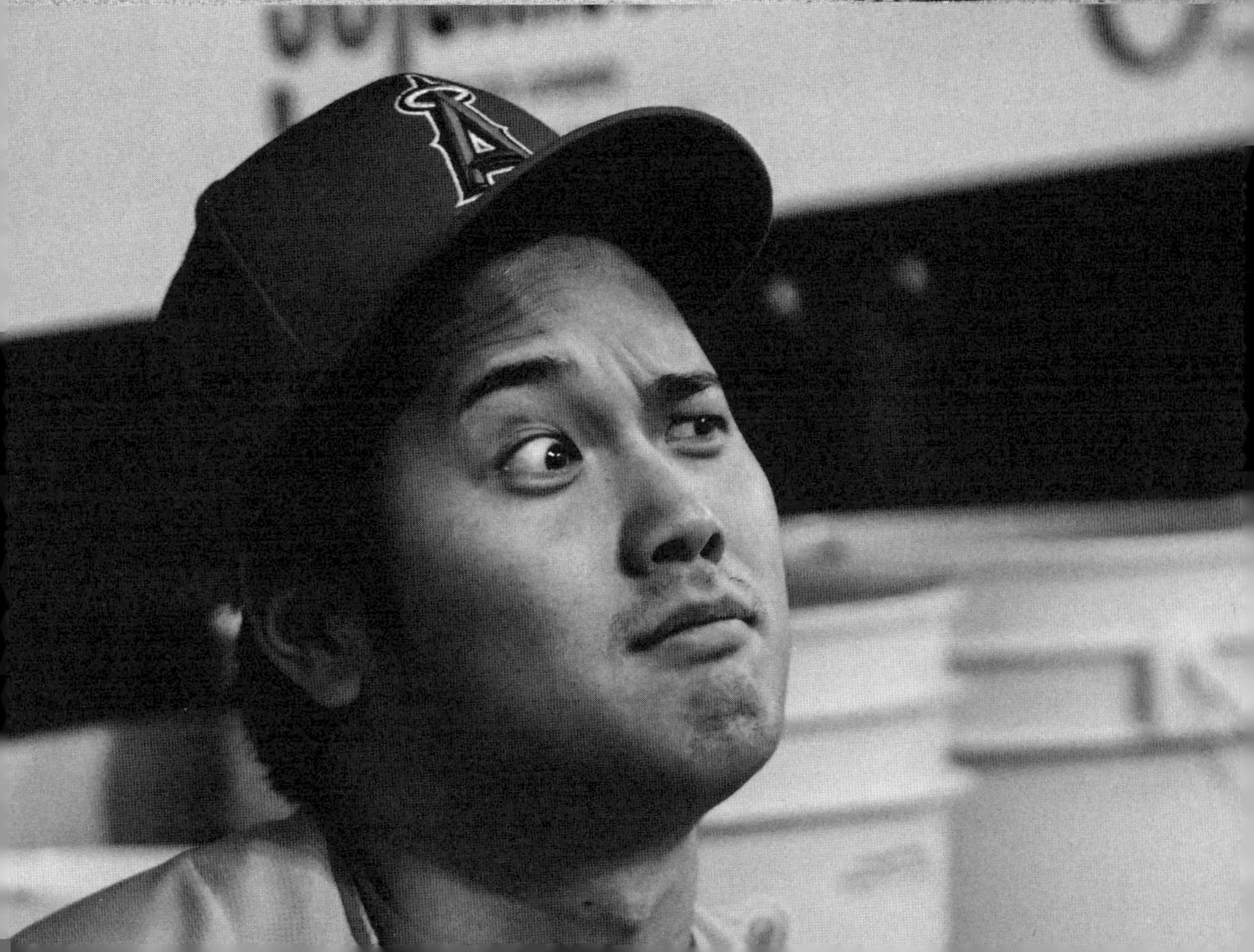

EPISODE 090

怒られたことがない男⁉

子供の頃から大好きな野球に邁進し、のびのびと育った大谷。7歳上の兄と2歳違いの姉との3人兄弟の末っ子。兄弟仲も良く、両親も家で怒ることはなく可愛がられながら育った。大谷自身も、怒られたことはほとんどなかったと思いますとインタビューで語っている。しかし、野球となると事情が変わってくる。父の徹さんは、小学生のときのリトルリーグでは監督、中学時代のシニアリーグではコーチと、常に大谷の指導者で有り続け厳しく指導していた。大谷も「グラウンドでは怒られた」と話す。

花巻東高校に入ってからも厳しい指導は続いた。大谷はインタビューで、高校の寮生活で楽しいことに制限をかけることを覚えたと語る。「高校で寮に入って、親以外の指導者にいろんなことを教えてもらったのが初めてだったので、そういう意味ですごくよかったと思います。同じこと言われるにしても、親に言われるのと違う人に言われるのとでは、まったく意味合いが違うんです」「だから僕、高校でだいぶ変わったと思いますよ。中学生のときはけっこう適当にやってきたので（笑）寮生活をした高校の環境はやっぱりよかったと思います」

また、高校の佐々木洋監督にも厳しく指導されたという。大谷が夏の県大会で一塁まで全力疾走をしなかったときは、佐々木監督が激怒したという。「何度も怒られましたよ。一度、すごく怒られました。寝坊です」「練習から何日か外されて、雪かきさせられて…。僕がチームで一番、練習しなきゃいけない人だったのに、監督がそうせざるを得ない状況を作っちゃいけないなと思いました」のびのびと育つ環境と厳しい指導。この二つの両輪で大谷は成長してきたといえるだろう。

EPISODE 091

大谷の理想の結婚、家庭像とは

大谷はどんな「理想の家庭像」を抱いているのだろうか？　大谷は三人兄弟の末っ子。兄は7歳年上のため、2歳差と年が近い姉からの影響が強かったようだ。大谷の母は「たとえばお姉ちゃんが怒られている姿を見ると、翔平はその怒られたことをやらなかったりするんです」と語る。

そんな姉は2020年に結婚。お相手は大谷の母校・花巻東高校の野球部部長を務める男性。高校時代に大谷を指導していた佐々木洋監督とも親しく、大谷たち部員にとっては愚痴や悩みを親身に聞いてくれる兄貴的存在だったという。花巻東高校の入学案内パンフレットには、その義兄が書いた言葉が載っている。「感謝の『感』は『感じ取れる能力』。感謝の『謝』は『行動で示す』ということです。感謝するということは状況を感じ取り、それを行動に示していくことです。花巻東高校硬式野球部はカバーリングを大事にしているチームです。ミスや失敗を最小限にとどめるのがカバーリングです。このカバーリングの原点に花巻東高校硬式野球部の『感謝』があります」

背中を見て育った姉と、信頼できる母校の野球部部長。そんな近しい2人の結婚は大谷にとっても大きな出来事となった。2人の結婚式で話したスピーチには大谷の結婚観が込められていたそうだ。大谷にとっては両親と、そして自分がキューピッド役となった姉夫妻が理想の家族像なのだろう。共通するのは野球一筋の夫を全力で支える妻という関係。運命の相手に一途に愛を注ぎ、人生を添い遂げるために常にカバーリングしあう。そんな大谷の結婚相手が近い将来現れるかもしれない。

EPISODE 092

息子にしたい⁉ママたちに愛される大谷

大谷は、なぜこれほどまでに愛されているのか。小中学生の子を持つ母親たちと、野球をしている子を持つ母親たちに「大谷翔平の魅力は何か」というアンケートを実施した。

球児の母親たちから一番多く寄せられた声は「こんなに楽しそうに野球をやってる表情がたまらなくいい」だった。「私の子は、小学生の頃は楽しそうに野球をやっていた記憶があるのですが、中学、高校と進むにつれて、楽しさの度合いが減少しているような気がします」「レベルの違いはあると思いますが、ウチの中学生の息子は楽しいというより、苦しいという思いが強いように思います。まだうまくなっている途中で、楽しめることの方が少ないのかもしれませんが、いつか大谷選手のような顔色で野球を楽しんでくれればいいんですけどね」「野球というのは、こんなにも楽しいものなんだというのを表情、体全体から伝えてくれている」など、野球を心の奥底から楽しんでいるのが大谷の魅力という意見が多かった。

一方、子どもが野球を行っていない小中学生の母親からは、「大谷を自分の子供のように応援している」という声も。「大谷選手を自分の子供のように思って応援しています。決して自分の子供と比較しているわけではありませんが、大谷選手の表情、しぐさ、立ち居振る舞いは、見ている人を純粋に応援させたくなる何かがありますね」「監督、コーチ、チームメートに対する態度も素晴らしいですし、大谷選手の人間性が惹きつけられる要因のひとつですね」「さわやかだし、愛嬌もあるし、笑顔も可愛いし。目も澄んでますしね。非の打ちどころがないですよね」など、人間性やルックス面から大谷の虜になったという母親も少なくないようだ。

ウチのオカンの理想の息子変遷

マンガ●タナカ アツシ

EPISODE 093

どんなスポーツも万能!?

野球選手として前人未到の活躍を見せる大谷。身長193センチ、体重95キロという堂々たる体格で足も速い。他のスポーツでも類い稀な才能を発揮したのではといわれている。

野球一筋と思われることがあるが、幼少期の大谷はバドミントンと水泳を習っていた。バドミントンは国体に出場したこともある母親の加代子さんの影響で、スマッシュも速く、かなりの腕を見せたという。また、水泳も幼稚園の頃から習いはじめ、小学4年生の時には6年生と同じ上級コースで泳いでいたという。花巻東高校ではもちろん野球部に所属していたが、投手のトレーニングの一環として水泳をとりいれ、大谷の泳ぎを見た水泳部のコーチからは「オリンピックを目指せる」といわれるほど早かったという。

大谷の身体能力はアメリカの他競技の関係者からも注目されている。2021年にはアメリカンフットボール・NFLの公式サイトで大谷の特集記事を掲載。過去の名選手と比較されたり、アメフトをやっていたらどのポジションだったかなどを考察したうえで「天文学的な価値」という評価を下した。

そんな大谷だが苦手なスポーツはあるのだろうか?大谷自身はサッカーが苦手と話していたことがある。しかし、エンゼルスのウォーミングアップでサッカーボールを使ったメニューがあり、そこで大谷は華麗なリフティングを披露していた。この映像を見た元サッカー選手はツイッターで「大谷選手、サッカーまで上手いんか…笑」と大谷のテクニックを称賛している。数々のエピソードから、大谷は身体能力と運動センスに秀でており、スポーツ全般において万能な才能を持っていると言えるだろう。

EPISODE 094

野球以外は寝ている⁉

常人離れした活躍を見せる大谷のパワーの源、それが睡眠だ。ニューヨーク遠征に出た際のインタビューでは「ニューヨークの街に出たことはない。ホテルで休んでいる」と話して周囲を驚かせた。侍ジャパンではヌートバーから食事に誘われたが、ちょうど睡眠中だったため断ったことが話題となった。

大谷は睡眠について「寝れば寝るだけいいかなと。質はその次。どれだけ寝られたかが一番だと思うので。比較的、ずっと寝ていますね」と語る。大谷は睡眠でも自己管理を徹底している。1日10時間以上の睡眠時間を確保する生活を長年継続。連戦時の練習免除日には、球場入り後に食事を取った後にナップタイム(昼寝)をとる。これに試合、トレーニング、移動時間をプラスすれば大谷にはプライベートの時間はほとんど存在しない。

MLBは日本のプロ野球よりも試合数が多く、そんな中で二刀流の準備やウエイトトレーニングを欠かさず行わなければならない。筋肉や脳の働きを回復させるには睡眠が非常に重要ということを大谷は深く理解し実践している。大谷は2017年から寝具メーカーの西川と、睡眠コンディショニングサポート契約を結び、「AiRシリーズ」のマットレスと枕を愛用。数年に一度は専用機器で身体測定を行い、体に合ったマットレスをオーダーメイドしている。大谷は幼少の頃からよく眠る子だった。小学生時代は夜9時には眠り、朝7時起床。昼寝もしっかりとっていたという。寝る子は育つ。大谷の心身の成長に幼少期の睡眠は大きく影響していた。昭和のプロ野球選手には試合後に酒や焼肉で豪遊など豪快な逸話が多く伝えられているが、現代のアスリートにとって睡眠は最重要課題。令和のアスリート代表・大谷らしいエピソードである。

EPISODE 095

大谷の休日ルーティンとは

大谷のオフの日のルーティンが話題である。視聴者が最も驚いたのは10時間〜12時間にも及ぶ睡眠時間だったが、実は注目すべき点は別にあった。それは午前中にぶっ通しで行われる6時間のトレーニングだ。

厳しい部活を経験した人なら想像できると思うが、10代20代の若い人でも激しい練習を2時間以上やるとクタクタになり、8時間は寝ないと疲労が蓄積してしまう。ましてや大谷はプロの激しいトレーニングを毎日6時間行っているので、これだけの長期間睡眠をとるのも当然といえよう。

大谷のルーティンには灰色の時間帯がある。ここは「体のメンテナンス」や「1日の反省」など、野球に関する「やるべきこと」に費やされているという。

これだけ野球で成功していてもまだ満足せず、更に向上を目指す。大谷のオフのスケジュールからは、まるで未だに野球に全てをかけて打ち込む少年のメンタリティのまま進化し続ける様が現れている。

休日に外出も外食もせず、ひたすらトレーニングと体のケア、野球の研究に当てる。もはやオフなのかオンなのかわからない。生活の全てを野球に捧げている求道者のような大谷のライフスタイル。

しかし大谷自身はそんなに息苦しい生活をしているつもりはないようだ。インタビューで常に野球につながるような暮らしぶりをしているのでは?聞かれたとき「そんな息苦しくないです（笑）」とかぶせ気味に返答。「日本のバラエティーも普通に見るし、映画とかも見るし、普通に（自室や宿舎の部屋では）一人でゆっくり過ごしている」と話した。大谷自身は、オンとオフをうまく切り替えているると思っているようだ。

オフのルーティンがやばい。

Zzz
オフは12時間寝る。
オフは6時間筋トレ。
残りの時間は余暇を楽しむのですか？
いえ、残りの時間は身体のケアと野球の研究です！
キリ
おお
オンなのかオフなのかわからなくなってきた…。

マンガ● sato

EPISODE 096

1ヶ月1万円生活

2022年の大谷の年俸は約43億円。注目されている今年のシーズン後のFAには、8年総額約860億円の契約を結ぶ可能性もあると予想されている。MLB日本人選手の史上最高額の年俸を獲得している大谷だが、本人はあまりお金に興味はなさそうだ。日本ハムに入団した当時、1ヶ月1万円で生活していたという。

当時は球団から年俸3000万円をもらっていたが、資金管理は岩手に住む両親に委任。大谷本人は小遣いとしてひと月10万円をもらうのみだったが、それでも2年間で貯金は200万ぐらいまで貯まったという。二刀流の練習を推し進めるために栗山監督と約束した外出許可制もあり、外出はほとんどせず自主トレに励み、寮なので食費や水道光熱費もかからない。外食も「おごっていただけることが多い。本当(お金を)使うところがない」と語るほど。ささやかな贅沢といえば、まれにコンビニなどで大好物のチョコやソフトクリームを購入するくらい。大きな出費は年に1度、10万円のスーツを新調する程度という倹約(?)ぶりだった。

MLBに移籍した現在でも生活スタイルはあまり変わらない。服や車、時計はスポンサーから提供されたものを着て、家の家賃は50万円だが、年俸を考えると安いもの。大谷自身もお金はたまっていく一方と語り、史上最高額の年俸や多額のスポンサー料を得ている今でもお金を散財することはほとんどないようだ。

一方、水原一平通訳には新婚旅行をプレゼントしたり、2021年にホームランダービーで獲得した15万ドル(約2100万円)をすべてトレーナーや広報など、チームスタッフ30人に小切手で渡している。お世話になった人たちには金を出し惜しみすることはしない。大谷らしい気前のいいスタンスだ。

EPISODE 097

MLB総収入1位の85億円年俸を日給に換算すると

アメリカの経済誌「Forbes」は2023年3月にMLB選手の総収入ランキングを発表し、大谷がMLBの1シーズンでは過去最高となる6500万ドル（約85億円）で1位に輝いた。エンゼルスとは年俸3000万ドル（約39億円）の1年契約だが、スポンサー収入等が3500万ドル（約46億円）に上るという。日給でいうと2000万円以上、時給は90万円。一般人とは比べ物にならない金額である。さらにFA権を取得する次のオフでは他球団への移籍を含めた争奪戦が繰り広げられることが予想される。専門家は少なくとも3億ドル（約435億円）以上の大型契約を結ぶだろうと予想している。いったいどれだけ巨額のマネーが飛び交うのだろうか。

また、大谷が1年間で日本市場に与える商業的インパクトは、数千万ドルの額にまで達すると言われる。日本での大谷は野球選手という以上にもはや文化的な象徴となっていて、大谷というブランドはそれほどの市場価値があるのだ。さまざまな経済効果を算出している関大名誉教授の宮本勝浩氏によると、大谷の日米における2022年度の経済効果は約457億9410万円にのぼるとのこと。「一人のアスリートがつくり出す経済効果としては空前絶後の金額」と宮本氏は語る。

日本のテレビ番組では年俸3000万ドル（約39億円）でエンゼルスとの1年契約に合意した際にこの話題を取り上げた。出演していた元卓球選手の水谷隼氏は「すごい」「うらやましい」と感嘆の声を連発し、こういう数字が出るのはアスリートにとってもいい影響があると指摘した上で、少しでもいいから卓球界に分けてほしいと羨んでいた。

EPISODE 098

驚きの食事法

過酷な二刀流を維持するために、もっとも重要なのはフィジカル強化である。それを構成するための食事は、体作りの基礎ともいえるだろう。大谷にとって食事とは楽しむというより野球を、二刀流を続けるための栄養摂取にほかならない。MLBをはじめ、アメリカのトップアスリートたちの多くは日常的に血液検査を受け、その結果をふまえて栄養管理を行っている。大谷も例外ではない。体重100キロを超える大谷の身体には、アスリートとして1日60g以上のタンパク質が必要と考えられる。

タンパク質の摂取に欠かせず、実際に大谷が口にしているのが卵だ。ゆで卵を一度に5~6個も食べているのを多くの人が目撃している。また渡米後の大谷は1日に6~7食を食べていたときもあり、ほとんど外食せずに自炊しているという。オムレツ、オムライスが得意で、自家製のフレンチトーストを食べていたと語る関係者もいる。体作りのために1日で15~20個程度の卵を食べていると推測できる。まさに栄養摂取のための食事だ。

試合前には、ベンチでバナナを食べる姿も見かけられている。バナナには抗酸化作用のあるビタミンCが豊富で、免疫力向上や疲労回復に役立つためだ。一方で、実は甘いものが好物の大谷。だが野球のために極力控えているようだ。あるCMの制作記者発表の際に「我慢というか、欲との戦いですね」と徹底したストイックさを滲ませていた。そんな大谷にも苦手な食べ物がある。それはトマト。日ハム時代の2017年に応援大使を務めた北海道月形町で開催されたトークショーの最後に「飲んだことがない」というトマトジュースを一気に飲み干し、町民から大歓声を浴びた。後にも先にも大谷がトマトを食べたのはこのときだけかもしれない。

驚きの食事法

1日に
ゆで卵
16個！
1日に
6〜7回の
食事
栄養管理は
バッチリ！
・・・でも
トマトだけは
苦手

マンガ● kaberin

EPISODE 099

ニューヨークで遊んだことがない

2018年にMLBに移籍した大谷翔平。日本を離れて5年。遠く異国の地での生活にも慣れて、オフにはアメリカの文化や娯楽に触れていると誰もが想像するだろう。だが、野球に全てを捧げる大谷のストイックぶりは半端ではない。2023年、試合後の囲み取材で大谷は、記者から「ニューヨークの街について、球場外ではどう過ごしているか」と質問されると、「1回も出たことがないので分からないです」と苦笑いで即答した。これには周囲も驚きを禁じ得なかった。世界一の街・ニューヨークでも大谷は徹底した野球へのコンディション管理に専念している。ホテルから一歩も外出せず休養をとっているのだ。とくにこだわるのは「睡眠」だ。「ニューヨークとエンゼルスの本拠地アナハイムは3時間の時差がある。「時差があるので、ここからまたすぐ（アナハイムに）戻りますけど、いつもだったら、中地区（のチームとの試合）を挟んだりとか、多少緩い感じはある。こんなにタイトな感じではないかなとスケジュール的には思うんですけど、一番は睡眠じゃないかなと。いつ寝るかの準備を数日前からしっかり計画的にやる必要があるかなと」

大谷の専属通訳・水原一平は「（大谷は）平均8時間半から9時間は寝るようにしている。睡眠の質をモニターできるバンドを着け睡眠時間を管理するなど、できるだけ多く眠るようにするというのが彼の（疲労回復の）カギだと思う」と語る。大谷選手本人も「メジャーは連戦が多いので、昼寝を取り入れないと（体調の回復が）間に合ってこない」とMLBでも昼寝を取り入れていると明かしている。

大谷がブロードウェイを訪れる日はいつになるだろうか。

EPISODE 100

水原通訳との二人三脚

大谷を支えている大きな存在、それが水原一平通訳だ。ありとあらゆる面で長年にわたり大谷をサポートしてきた。水谷は北海道生まれのアメリカ育ち。2013年に日本ハムで外国人選手の通訳になった。同年に入団した大谷とは「同期の関係」となる。そんな縁がきっかけで、2018年に大谷とともに渡米。以降、今年3月のWBCにも同行するなど、今や大谷にとって欠かせないパートナーとなっている。水谷は監督ら首脳陣との橋渡し役を始め、メディア対応時の通訳を担当。どちらもニュアンスを含めて互いの意図を崩さずに素早く翻訳する必要がある難しい役目だが、水原は見事にこなしている。水谷の肩書きは通訳だが、実際は多岐にわたる業務を行っている。本拠地やキャンプ地で自家用車に乗る際は運転を行い、試合中には対戦相手の投手のデータをタブレットで大谷に素早く教える。大谷の練習時のサポートも務める。ブルペンでは投球フォームをスマホで撮影。キャッチボールの相手を務めることも。水谷は実質、大谷のマネージャーといっても過言ではない。

水谷はその飾らない性格からファンからの人気も高い。昨年の開幕直前のセレモニーでスタッフ紹介の際に名前を呼ばれると、場内は大歓声に沸いた。試合後に水原は「とても感謝しています」と照れ笑い。それを見た大谷が「ちょっとカッコつけていたので僕的には気にくわなかったかな」とジョークを飛ばして現地メディアの笑いを誘った。10歳の年の差を感じさせない、二人の仲睦まじさがうかがえる。大谷が異国の地で野球に打ち込むことが出来るのは、水原の存在が非常に大きい。これからもさりげないサポートで大谷を支え、息のあった二人三脚で歩み続けていくだろう。

EPISODE 101

マンダラチャートでほぼ夢を実現

誰しも子供の頃には夢を見るものだ。しかし、その中で果たして夢を実現出来た人が何人いるだろうか。しかし大谷は素質と環境だけで夢を実現させてきたわけではない。花巻東高校時代のときに書いた「目標達成シート」（マンダラチャート）がある。2010年、高校1年生のときに佐々木洋監督からの教えにより作成したこのシートは、最終的な目標（夢）を中心に記し、周囲9×9の合計81マスに細分化した小目標を記すもの。このシートはかつてアメリカでも「大谷マンダラ」として紹介され話題となったが、MLBやWBCで活躍した今、改めて見返してみると面白い。

当時の最終的な目標は「8球団からのドラフト1位指名」だった。2年後の2021年秋のドラフトを前に、高校卒業後はNPBを経由せず、直接MLBに挑戦したい意向を明かしている。最終的な目標を得るための小目標の一つ「スピード160キロ」は高3夏の岩手大会準決勝で実現させた。小目標「キレ」を実現させるための目標として「回転数アップ」と記しているが、回転数が多く打たれにくいボール「スピンレート」が近年注目されているのと一致している。小目標「メンタル」を実現させるために記した「はっきりとした目標、目的を持つ」「ピンチに強い」「仲間を思いやる心」なども、今年のWBCの大谷の姿勢とかぶるところが多い。1月の会見の「優勝だけ目指して頑張りたい」、初の国外選手として日本代表入りしたヌートバーとの親交、決勝戦の9回にリリーフ登板、そしてWBC優勝。WBCで目にした大谷の目覚しい活躍の姿は、高校1年生の大谷少年が記した「目標達成シート」の中にすでに書かれていたのだ。

イラスト● KEIJI SUZUKI

大谷翔平　世界を仰天させ続ける男!! 夢をつかむ向上力101の秘密

2023年10月5日発行

編集発行人	小寺晴幸
発行・発売	株式会社インテルフィン 〒170-0013 東京都豊島区東池袋3丁目5-7 ユニオンビルヂング401 お問い合わせ、通販受付／FAX:03(5956)4704 Eメール:sales1@intf.jp(休業日除き常時受付) TEL:03(6915)2492(祝祭日、休業日除く月水金12:00～16:00)
編　　集	株式会社アストロノート
写真提供	アフロ AP、CTK Photo、UPI、USA TODAY Sports／ロイター、ロイター／アフロ
印　　刷	三共グラフィック株式会社

©株式会社インテルフィン
※本誌記事の無断転用、流用、複製、放送などは固くお断りいたします。